Jochen Harms
Gott ist nicht der Mann mit dem langen weißen Bart

Mein persönliches Lesebuch über christlichen Glauben und Spiritualität

Gott ist nicht der Mann mit dem langen weißen Bart

Mein persönliches Lesebuch über christlichen Glauben und Spiritualität

Autor Jochen Harms

Jahrgang 1955

Stolzer Vater einer erwachsenen Tochter; Jasmin

Karate seit 1971, Stilrichtung Shotokan

Künstler – Maler - mit eigenem Atelier

Kriminalbeamter im Ruhestand

Impressum

Bibliografische Information der Deutschen Nationalbibliothek:
Die Deutsche Nationalbibliothek verzeichnet diese
Publikation in der Deutschen Nationalbibliografie;
detaillierte bibliografische Daten sind im Internet
über http://dnb.dnb.de abrufbar.

Die automatisierte Analyse des Werkes, um daraus
Informationen insbesondere über Muster, Trends und
Korrelationen gemäß §44b UrhG („Text und Data Mining")
zu gewinnen, ist untersagt.

© 2024 Jochen Harms
Lektorat: Jochen Harms
Korrektorat: Jochen Harms
Fotos Heinz Margielsky und Jochen Harms

Verlag:
BoD · Books on Demand GmbH, In de Tarpen 42,
22848 Norderstedt
Druck:
Libri Plureos GmbH, Friedensallee 273, 22763 Hamburg

ISBN: 978-3-8391-2226-6

Auszüge aus dem Inhalt:

Im Christentum geht es um die Selbstverantwortlichkeit des Menschen. Gleichzeitig weiß der Christ um seine Unzulänglichkeit und seiner Geborgenheit im Glauben

Die ethische Grundausrichtung der Christen, den Nächsten wie sich selbst zu lieben, spiegelt die alltägliche Lebenserfahrung wider, dass derjenige, der nur sich selbst liebt, genauso wenig zur Menschenliebe fähig ist, wie der, der sich selbst nicht akzeptieren und lieben mag. Um sich selbst zu sein, also ganz Mensch zu werden, ist es erforderlich ehrlich zu sich selbst zu sein. In Abständen sich selbst zu reflektieren und so sich seiner selbst bewusst zu machen, wie man als Persönlichkeit ist. Dies ist die Voraussetzung eines selbstbestimmten Lebens. Selbstbestimmtes Leben hat zur Folge, eine innere Ausgeglichenheit zu verspüren, in sich selbst zu ruhen, welches unser Umfeld als Haltung wahrnimmt. Wer dauerhaft nicht sich selbst ist, verspürt eine innere Unruhe, ist unter Umständen permanent auf der Suche nach etwas, was er selbst nicht genau definieren kann und ist besonders anfällig für den Tanz um das Goldene Kalb.

Jede Epoche hat für die Menschen in der jeweiligen Zeit eine für sie verständliche und nachvollziehbare Darlegung des Glaubensinhalts. Der Glaubensinhalt und das Glaubensgeheimnis, hier Spiritualität, muss mit sprachlichen und gedanklichen Mitteln der menschlichen Vernunft zeitgemäß verständlich dargestellt werden, ohne es inhaltlich zu verändern und einer Beliebigkeit preiszugeben, so dass sich die Menschen in unserer Gesellschaft wieder neu entscheiden können.

Als geistige Projektion – Schöpfung - ist das Jenseits somit keine Illusion, sondern nur eine andere Form der Realität, welche in Wechselwirkung mit dem Diesseits steht. Diese Wechselwirkung ist in der Kontemplation im Glauben erfahrbar. Das Jenseits ist nicht im Reich der Fiktion angesiedelt, sondern eng verbunden mit der realen Welt. Das Jenseitige ist daher fortwährend präsent aus der Tatsache, dass es existent ist.

Ein Lesebuch ist im Gegensatz zum Sachbuch ein nicht strukturiertes Werk, welches die Möglichkeit eröffnet, an unterschiedlichsten Stellen in das Buch einzusteigen und sich seine eigenen Gedanken über die Themen zu machen.

Inhaltsverzeichnis   Seite

01 Prolog

Im Januar 2017 bin ich nach 43 Jahren im Polizeidienst des Landes Hessen in Ruhestand gegangen. Nach 50jähriger Abstinenz besuche ich wieder regelmäßig den sonntäglichen Gottesdienst. Um mir Klarheit über meine eigene Position zum christlichen Glauben zu verschaffen, habe ich angefangen über verschiedene Themen zu schreiben. Da ich kein Sachbuch schreiben wollte, habe ich ein persönliches Lesebuch verfasst. Ein Lesebuch ist im Gegensatz zum Sachbuch ein nicht strukturiertes Werk, welches die Möglichkeit eröffnet, an unterschiedlichsten Stellen in das Buch einzusteigen.

Einige inhaltliche Wiederholungen waren bei der Darstellung der verschiedenen Themen nicht vermeidbar. Gerade aus der Tatsache, dass ich kein Theologe bin, keine neue Religion oder Glaubensrichtung gründen will und manchmal selbst im Zweifel über meine Thesen bin, machen meine Arbeit interessant. Meine Ausführungen hier sind nicht wissenschaftlich, spiegeln meine persönliche Meinung und sind in verständlicher Ausdrucksweise wiedergegeben. Spätestens seit Anfang der 70er Jahre des vorherigen Jahrhunderts kann man davon sprechen, dass mehrere Generationen zwischenzeitlich religionslos aufgewachsen sind. Und wenn man nichts über Religion und den christlichen Glaubensinhalt weiß, dann kann man sich auch nur für das Nichts entscheiden. In Philosophie und Religion werden die Fragen nach dem großen Woher und Warum hörbar überhaupt nicht mehr gestellt und im universitären Wissenschaftsbetrieb in immer abstraktere Wissenschaftstheorien verpackt, welche die Menschen nicht mehr erreichen. Ich möchte nicht den erhobenen Zeigefinger heben und den geneigten Leser belehren, sondern zum Nachdenken anregen, damit er sich seine eigene Meinung zur Thematik bildet.

Uns Menschen ist aufgrund unserer Denkstruktur eine widerspruchslose Einsicht in die letzten Gründe unseres Daseins nicht gegeben. Der Christ hat sich durch sein Vertrauen in Gott für die Hoffnung entschieden, dass in letzter Konsequenz alles, was geschieht seinen Sinn hat, auch wenn wir es durch unser Menschsein nicht immer erkennen können. So ist unser Dasein und Glauben auch immer durch die symbolische Darstellung aus unserem Menschsein heraus zu verstehen.

02 Gott ist nicht der Mann mit dem langen weißen Bart

Wer weiß denn, ob es Gott überhaupt gibt? Diese Frage stellte ein Journalist, welcher in einer Tageszeitung hier im Rheingau über den Synodalen Weg berichtete. Ich schrieb ihm folgende Antwort, welche auch veröffentlicht wurde:

„Unsere Frage heute lautet eher: Wer weiß denn, ob es Gott überhaupt gibt?" Eine Frage, die sehr leicht zu beantworten ist: Niemand! Die Frage nach der Existenz Gottes, ist immer eine Glaubensfrage. Glauben heißt im wissenschaftlichen Sinn, ich weiß es nicht, bin aber der festen Überzeugung, dass es so ist. Das heißt, die Wahrscheinlichkeit, dass Gott existiert, liegt bei 50 %. Kann sein, kann nicht sein! Für uns Christen wurde die Welt und alles Sein von einem allmächtigen und liebenden Gott aus dem göttlichen Geist heraus erschaffen. Für den Atheisten war es der Zufall, dass die Materie aus dem Nichts gekommen ist bzw. schon immer existent war. Dies würde bedeuten, dass sich der Geist, das Bewusstsein (Ebenbild Gottes) in Form von Ich, ich bin, erst im Lauf der Evolution herausgebildet hätte. Geneigter Leser: Stellen sie sich stellvertretend für die Materie einen Haufen Sand vor oder ein „Nichts", aus dem durch göttlichen Willen die Materie geschaffen und der Geist in die Welt gesandt wurde. Der Atheist hat sich für den Haufen Sand entschieden, der schon immer existent war, aus dem der menschliche Geist entstanden ist in der Hoffnung, dass sein Leben ein für ihn günstigen Verlauf nimmt. Spiritualität im Glauben heißt, die Gegenwart Gottes spüren. Intuitives Erkennen und Verstehen, ohne es in Worte fassen zu können. Wer Gott spüren will, muss es zulassen. Wer Christ sein will, muss sich dafür entscheiden. Man muss es zulassen. Man kann niemanden von etwas überzeugen, der es letztendlich nicht will."

03 Gedanken zum Christlichen Glauben

Im Christentum geht es um die Selbstverantwortlichkeit des Menschen. Gleichzeitig weiß der Christ um seine Unzulänglichkeit und seiner Geborgenheit im Glauben. Gotteserkenntnis ist eine Frage der Vernunft und der Verstandesnotwendigkeit. Der Mensch in Erkenntnis seiner beschränkten geistigen Fähigkeiten findet im Glauben an ein göttliches Sein Geborgenheit und Gewissheit, dass alles Geschehen und letztendlich das Sein einen Sinn ergibt, ohne es verstehen zu müssen. Jede Epoche hat für die Menschen in der jeweiligen Zeit eine für sie verständliche und nachvollziehbare Darlegung des Glaubensinhalts. Der Glaubensinhalt und das Glaubensgeheimnis, hier Spiritualität, muss mit sprachlichen und gedanklichen Mitteln der menschlichen Vernunft zeitgemäß verständlich dargestellt werden, ohne es inhaltlich zu verändern und einer Beliebigkeit preiszugeben, so dass sich die Menschen in unserer Gesellschaft wieder neu entscheiden können. Sprache und die inhaltliche Ausdrucksweise unterliegen einem permanenten Wandel. Literatur von Goethe und Schiller in ihrer inhaltlichen und sprachlichen Ausdrucksweise berühren die Menschen nicht mehr, geschweige denn, dass ein allgemeines Interesse an diesen Werken noch vorhanden wäre. Nur wer aus beruflichen Gründen sich mit diesen Werken befasst oder als Schüler im Deutschunterricht damit traktiert wird und wenige, statistisch nicht messbare Literaturliebhaber, lesen diese Bücher noch.

Das frühe Christentum war eine Bewegung der Armen und Entrechteten. Als das Römische Reich im 4. Jahrhundert nicht mehr zu weiteren gesellschaftlichen und politischen Entfaltungen in der Lage war, wurde dieses Vakuum von der Institution Katholische Kirche gefüllt, indem sie offizielle Religion des Römischen Reiches wurde. Anstelle wie zuvor, die herrschende weltliche Macht in Frage zu stellen, wurde nun die kritiklose Unterstützung der Kirche als Institution bei ihrer Machtausübung gefordert. Die hierarchische Übernahme der Machtstruktur des Römischen Reiches, zuvor der Kaiser als oberste

Autorität und Prinzipal, wurde nun der Papst der Katholischen Kirche. Der Habitus des Imperators, die roten Schuhe und purpurfarbene Gewänder, wurden eins zu eins übernommen. Diese hierarchische, bis heute unveränderte Machtstruktur, das patriarchalische System, kann in Europa die Bedeutungslosigkeit der Katholischen Kirche als Institution bewirken.

Aber noch mal einen Schritt zurück: Beginnend mit der Aufklärung glaubten immer mehr Menschen, dass mythologische Aussagen sich nicht wirklich auf Existierendes beziehen. Gerade in der theologischen Weitergabe hatte die wörtliche Bedeutung mit dem Inhalt der Botschaft nichts gemein. Den Menschen zur Zeit von Jesus in Galiläa mit ihrem kulturellen Umfeld war dies geläufig. Es musste ihnen nicht erst erklärt werden. Die Bildhafte Beschreibung der Botschaft wurde sowohl inhaltlich als auch mit erhebendem Herzen verstanden.

Heute, 2000 Jahre später haben wir nur noch die konkrete Aussage mit ihrem bloßen Wortsinn. Die wahre Bedeutung wird nicht mehr verstanden. Und selbst wenn man Jugendlichen und Heranwachsenden den Inhalt erklärt stellt man fest, dass sie emotional damit nicht mehr zu bewegen sind. Die finden das Bestenfalls interessant.

Der spirituelle Glaube, gerade auch im Denken vieler Christen, wurde ersetzt durch rationales wissenschaftliches Denken. Also nur was durch den verifizierbaren Versuch bestätigt wurde, galt als real. Der Glaube machte sich breit, die Welt und alle Zusammenhänge anhand der Wissenschaft erklären zu können. Allein der Faktor Zeit wäre hierfür erforderlich, sofern die Methode stimmig ist. Nun stellte man in diesem Zusammenhang fest, dass wir Menschen aufgrund der Struktur unseres Denkens, alles linear zeitlich und räumlich zu beurteilen, gar nicht in der Lage sind Realität zu erfassen. Hier ein kleiner Exkurs: Gibt es Farben, Farben rot, grün, weiß, blau usw.? Antwort: Nein! Alle Dinge werden über elektromagnetische Wellen auf die Netzhaut unserer Augen übertragen und von dort zu unserem Gehirn weitergeleitet. Erst hier wir die Wahrnehmung als Farbe erzeugt. Welche Farben wir wahrnehmen, hängt von einem bestimmten Frequenzspektrum der elektromagnetischen Wellen ab. Außerhalb dieses Frequenzspektrums werden elektromagnetische Wellen als

Wärme wahrgenommen (Herzliche Grüße von unserem Mikrowellenherd). Unser Gehirn interpretiert das Frequenzspektrum als Farben. Mit der Realität hat dies nichts zu tun. Elektromagnetische Wellen bleiben immer was sie sind: elektromagnetisches Wellen.

Naturwissenschaftliche Erkenntnisse über die Welt und den Menschen gefährden nicht die Stabilität der Theologie, sondern bestätigen sie. Evolution und Schöpfungsglaube stehen nicht im Widerspruch zueinander und schließen sich nicht gegeneinander aus. In unserer unreflektierten Alltagswelt halten wir Menschen die von uns konkret erlebte Wirklichkeit als die Realität schlechthin. Transzendentale Realität ist um nichts weniger real als die von uns erlebte Welt. Da wir aber Realität nicht so wahrnehmen können, wie sie letztendlich ist, müssen wir uns bei der Beschreibung von Religion und Glauben der Sprache der Mythologie und der Hilfskonstruktion von Metaphern bedienen. Umgekehrt können wir zur Bestätigung christlicher Glaubenswahrheiten naturwissenschaftliche Erkenntnisse anführen, welche mit großer tendenzieller Wahrscheinlichkeit die Aussagen des Glaubens bestätigen.

Kritisch betrachtet, brauchen wir den Glauben an einen Gott in Form des praktizieren einer Religion? Können wir ohne Teilhabe an religiöser Ausübung des Glaubens zur Spiritualität des Aufgehoben- und Angenommenseins unseres Selbst gelangen? Ist die Sinnhaftigkeit der Welt und des Lebens auch ohne religiöse Institution praktizierbar? Ist der Mensch und damit die Menschen insgesamt ihrem Wesen nach religiös; damit meine ich, vom Glauben an einen Gott oder allumfassendes höheres Sein beseelt? Ist die Abkehr der Menschen von den Kirchen nicht als Abkehr von Gott, sondern als Abkehr von der Institution Kirche mit ihrer Machtstruktur und Machtgehabe zu verstehen. Kann es sein, dass sich die Christen die Freiheit genommen haben, welche das Christentum beinhaltet. Ist das Machtgehabe der Kirchen als Institution um der Macht willen nicht einfach nur gelebter Atheismus, dessen sich die Ausübenden gar nicht bewusst sind. Im Gegenteil: Sie sind der Meinung, im Glauben tief verwurzelt und durch ihr studiertes Wissen anderen geistig überlegen, im Besitz der Wahrheit von richtig und falsch für andere und beseelt vom heiligen Geist zu sein.

04 Säkularisierte Gesellschaft

Es ist die Frage, ob eine säkularisierte Welt, die sogenannte Werte-gesellschaft, die sich auf Menschenrechte, Gleichheit von Mann und Frau und Demokratieverständnis beruft, auf Dauer ohne Spiritualität auskommt. Ich sage nein. Die Menschen suchen sich Ersatzreligionen und Ersatzgötter. Und wer sich nicht selbst gelegentlich reflektierend in Frage stellt, ist sich dessen noch nicht einmal bewusst. Nicht wenige, denen es materiell gut geht tanzen ums Goldene Kalb und merken es nicht. Die Mehrheitsgesellschaft wundert sich, dass sie trotz allem Fun und Genuss nicht mehr in sich selbst ruht; ihr fehlt die Geborgenheit in der Gewissheit des Glaubens, der Spiritualität. Die Aussage „verschenke alle Kleider und folge mir!" bedeutet nicht, sich von allen materiellen Gütern zu befreien, sondern sein alltägliches Handeln nicht ausschließlich nach der Prämisse auszurichten, welchen persönlichen Vorteil ich davon habe; insbesondere den materiellen Wert. In demokratischen Staaten wird gegenwärtig das selbstlose Handeln ersetzt durch faires Verhalten und strukturelle Institutionen. Anders ausgedrückt: Ich gebe dir 10 Äpfel und du gibt mir 10 Birnen. Im Prinzip ist dies ein archaisches Verhalten. Die innere geistige Befriedigung im Handeln erfolgt jedoch über die Selbstlosigkeit und das damit verbundene Erlebnis etwas zu erschaffen und zu bewerkstelligen. Wenn Beruf und Arbeit nur noch Mittel zum Gelderwerb sind, dann geht die Freude und damit ein Teil der Lebensfreude verloren.

Geld nur als Mittel zum Konsum, zur hedonistischen Lebenseinstellung, führt zur Dekadenz und Sinnlosigkeit und in letzter Konsequenz zum Unglücklichsein. Konsumieren heißt, dass das Handeln nicht aus meinem Selbst kommt, sondern von außen nach innen geleitet wird und nicht von innen nach außen. Meine Wünsche und Bedürfnisse werden von außen erzeugt, so dass ich meine innere Freiheit verliere und somit auch meine Seele.

Die säkularisierte westliche Gesellschaft entwickelt sich zu einem dominanten Materialismus, in dem zunehmend das Einkommen entscheidet, wer zu den Gewinnern oder Verlierern des Systems gehört. Wer wo und wie viel einzahlt glaubt entsprechend, dass ihm von diesem und jenem mehr zusteht. Persönliches Engagement, zum

Beispiel das Ehrenamt, Mitgefühl und Hilfe in der Not, wird zunehmend auf staatliche Institutionen abgewälzt und von Personen erwartet, welche eine entsprechende Berufstätigkeit gewählt haben. Der Staat soll es allein richten, nicht mehr die Gemeinschaft als Teil der Sozialität. Der Sozialstaat wird immer mehr überfordert und verliert sein Fundament, die homogene Sozialisierung der Gemeinschaft. Aus dem Wesen der Solidargemeinschaft entwickelt sich das Anspruchsdenken der Gesellschaft. Der Missbrauch von Sozialleistungen wird nicht als Schädigung der Sozialgemeinschaft empfunden, sondern als besondere Cleverness im Anspruchsdenken. Der Staat wird als abstrakte Institution empfunden und nicht als solidarischer Zusammenschluss einer Gemeinschaft, zu der letztlich jeder Bewohner des Landes gehört. Indem man die abstrakte Institution betrügt, schädigt man nicht Menschen. Dieser Rückschluss ist falsch. Im Augenblick verspielen wir Europäer nach meiner Meinung unser christliches Fundament mit der Leichtigkeit des Seins, ohne uns über die Folgen im Klaren zu sein.

05 Christliche Sozialisierung der europäischen Gesellschaften

Wir Europäer wurden über die Jahrhunderte christlich sozialisiert, auch wenn wir es als solches nicht mehr wahrnehmen, den Glauben nicht praktizieren und so gut wie nix darüber wissen, aus der Kirche ausgetreten sind und uns als Atheisten bezeichnen. Der Erfolg des Christentums lag nicht nur in der Heilslehre, sondern in der Öffnung für alle Ethnien, insbesondere im Sozialleben. Waren es vorher Familie, Sippe, Clan oder sonstige Schichtenzugehörigkeit, auf die man angewiesen und sich verlassen konnte, war es jetzt die christliche Gemeinschaft. Sklave und Herr waren in der christlichen Ethik auf einer Ebene. Plötzlich war der Samariter ein Mitmensch, war zu einem mitmenschlichen Verhalten fähig und hatte ein Antlitz. Es kam zu sozialen Umwälzungen und materiellen Verbesserungen. Unterschiedliche Ethnien konnten sich als Christen vertrauen und von den anderen entsprechendes christliches Verhalten erwarten. Der griechische Kaufmann aus Thessaloniki vertraute als Christ seinem Ponton im ägyptischen Alexandria. Der im wahrsten Sinne des Wortes vorbildliche unermüdliche selbstlose Einsatz vieler christlicher Frauen und Männer über die Jahrhunderte für die Gemeinschaft schuf im gemeinen Volk eine innere Vorstellung von einer durch Verantwortung und Verpflichtung anderen gegenüber getragenen Lebensweise und die daraus resultierenden Normen. Letztendlich sind Rente, Krankenversicherung und Sozialhilfe aus dem Fundament der christlichen Sozialisierung ihrer Initiatoren entstanden. Auch wenn man es oberflächlich betrachtet als politisches Kalkül ableitet.

Im Christentum wurden das uns Menschen von unserer Evolution her innenwohnendes kooperatives Verhalten ethisch gegenüber allen Mitmenschen für gültig erklärt. Hilfsbereitschaft wurde im Begriff der selbstlosen Nächstenliebe kultiviert und verständlich gemacht. Nicht die Frage nach Herkunft, Ethnie oder Religion sollte entscheidend sein, sondern ob Hilfe notwendig ist. Das Elend der Welt hängt damit zusammen, dass nach wie vor einzelne Ethnien einfach nicht miteinander können und kein Problem damit haben andere Ethnien zu massakrieren und zu versklaven, weil diese vermeintlich den falschen Glauben praktizieren. Die Fähigkeit zur Empathie beschränkt sich hier auf die eigene Familie, dem Clan, unmittelbares Umfeld und der zugehörigen Ethnie. Nationale Grenzen und Zugehörigkeit zur Nation spielen hierbei eine untergeordnete Rolle. In diesen Gesellschaften sind Vetternwirtschaft und Korruption kulturell tief verwurzelt. Das heißt, dass sich die Menschen in diesen Gesellschaften in ihren eigenen Handlungen zu ihrem persönlichen Vorteil sich dessen gar nicht bewusst sind und Verfehlungen und unmoralisches Handeln immer nur bei den anderen wahrnehmen. Es kommen nicht diejenigen mit dem besten Universitätsabschluss in eine entsprechende berufliche Position, sondern Privilegierte, welche über Beziehungen verfügen, die ihnen auch mit einem mittelmäßigen Universitätsabschluss einen gut dotierten beruflichen Einstieg verschaffen. Es erfolgt nicht eine Auswahl der Besten, sondern eine Auswahl der

Privilegierten. Wirtschaftlich gesehen ist das für diese Gesellschaften eine Katastrophe. Und wenn man dann das teilweise unbeschreibliche Elend in diesen Gesellschaften sieht und sich die Frage nach der Ursache stellt, kann man zu Antwort kommen: Weil sie so sind, wie sie sind!

Das Christentum hat diese eingeschränkte Denkweise überwunden und durch die universelle Würde des Menschen und die Erkenntnis der uneingeschränkten Liebe Gottes zu den Menschen transformiert. In der politischen Formulierung sind das die Menschenrechte.

Die Menschen in Deutschland, oder sollte ich sagen in Europa, leben in der irrigen Annahme, dass unsere gesellschaftlichen und materiellen Errungenschaften eine Selbstverständlichkeit sind, die sich historisch belegbar aus unserer Geschichte hier in Europa ableiten. Das dass einmal erreichte Bestand hat und dass sich die jeweiligen Entwicklungen darauf aufbauen und fortschreiben. Dass es auf der Welt ein allgemeines Streben der Menschen nach Freiheit, Demokratie und damit verbunden Gleichberechtigung von Mann und Frau gibt und das Erreichen dieses Ziels nur eine Frage der Zeit ist. Mit solch einem Denken bewegen wir uns auf sehr dünnem Eis. Was die Menschen derzeit vereint, ist das Streben ihr materielles Dasein zu verbessern. Die Geisteshaltung der verschiedenen Kulturen ist vielfältig und verschieden. Wir hier in Europa, und auch in Nord- und Süd-Amerika, sind geprägt von der christlich abendländischen Kultur. Aus und mit diesem Denken hat sich die Sozial- und Rentenversicherung entwickelt. Unsere gesellschaftlichen Errungenschaften werden absorbiert gleichsam eines Beamten- oder Angestelltenverhältnis, das nach erfüllter Pflicht in Beruf und Familie den gesellschaftlichen Verhältnissen genüge getan ist. Wir sind unbedacht auch tolerant gegenüber den Intoleranten und haben mit Blick auf das Geschehen in der Welt nur den Sinn für Realität verloren.

Was passiert mit einer Gesellschaft, welche sich ihre religiösen Wurzeln abschneidet? Die säkularisierte Gesellschaft entwickelt sich zu einem dominanten Materialismus, in dem zunehmend das Einkommen entscheidet, wer zu den Gewinnern oder Verlierern des Systems gehört. Wer wo und wie viel einzahlt glaubt entsprechend, dass ihm von diesem und jenem mehr zusteht. Persönliches Engagement, Mitgefühl und Hilfe in der Not, wird zunehmend auf staatliche Institutionen abgewälzt. Immer weniger Menschen sind bereit sich ehrenamtlich zu engagieren. Der Staat soll es allein richten, nicht mehr die Gemeinschaft als Teil der Sozialität. Der Sozialstaat wird immer mehr überfordert und verliert sein Fundament.

Und die Frage ist nicht: Religion oder nicht, sondern vielmehr: Welche Art von Religion? Fördert sie die menschliche Entwicklung, die Entfaltung spezifisch menschlicher Kräfte, oder lähmt sie den menschlichen Reifeprozess. In der christlich abendländischen Kultur wurde das menschliche Verhalten und die gesellschaftliche Entwicklung motiviert durch das Christentum als Religion und manifestierte sich so verwurzelt durch die Jahrhunderte als gesellschaftlicher Charakter.

Die Menschen in Deutschland leben in der irrigen Annahme, dass unsere gesellschaftlichen und materiellen Errungenschaften eine Selbstverständlichkeit sind

06 Die Verleugnung der metaphysischen Ebene

Die Verleugnung einer metaphysischen Ebene (zum Beispiel das Jenseits) führt zu einer Übergewichtung des Rationalen, welches zur Folge hat, dass eine permanente geistige Unausgeglichenheit sich etabliert, woraus sich eine Suche nach einem undefinierbaren Etwas ergibt: ein neues Kleid, eine Reise, eine neue Beziehung erfüllt temporär dieses Vakuum des spirituellen In-sich-Ruhens, bis durch Gewohnheit der ursprüngliche Zustand der Unausgeglichenheit erreicht ist. Ein Teufelskreis oder auch Tanz ums goldene Kalb. In wohlhabenden Gesellschaften führt das zu einem Anspruchsdenken, bei dem die Selbstverantwortlichkeit des einzelnen auf die allgemeine Gesellschaft, Institutionen und Politik projiziert wird. Schuld sind immer die anderen. Langfristig führt dies zu einer infantilen Gesellschaft.

Gleichzeitig ist festzustellen, dass die Menschen auf der Suche sind. Wenn ich dies in Bezug zur Kirche bringen soll, dann würde ich sagen, dass die Menschen Inhalte erleben wollen. Die Menschen möchten mehr wissen über ihre Religion und den Glauben. Sie möchten als Gottesdienstbesucher ernst genommen werden. Das heißt, sie wollen nicht nur von der Auferstehung nach dem Tod und dem Leben im Paradies hören, sondern auch erklärt bekommen, was die Menschwerdung Gottes in Jesus Christus, die Christologie, für eine Bedeutung für uns Menschen hat. Dann wird Kirche auf einmal wieder interessant.

Als für die Mehrheit der Menschen die Erde noch eine Scheibe war, hoch oben im Himmel Gottvater mit den Engeln und Heiligen thronte, der König und die Adeligen von Gottesgnaden auf der Erde herrschten, die Kirche bestimmte, was moralisch und unmoralisch ist, jedermann seinen vorherbestimmten Platz in der Gesellschaft hatte, die Verdammten unten in der Hölle beim Teufel schmorrten, da wussten die Menschen vor allem eines: wo es in ihrem Leben jeweils lang geht! Die Vorstellung vom physikalischen Weltbild bestimmte Glauben und Leben. Abweichler, wie Giordano Bruno, welcher auf die irrige Idee kam, dass es sich bei den Sternen um weitere Sonnen und Planeten handeln könnte und dass das Leben im

Universum an Vielzahl unendlich ist, wurden kurzerhand auf dem Scheiterhaufen verbrannt.

Das derzeitige physikalische Weltbild ist als synonym für unser gegenwärtiges gesellschaftliches Zusammenleben und die Rolle des Einzelnen darin nicht brauchbar. Die Aussagen der Relativitätstheorie von Albert Einstein und die Erkenntnisse der Quantenphysik haben schon sehr viele Antworten gegeben, wie die Welt ist und aus was sie besteht, aber trotzdem ist das gegenwärtige physikalische Weltbild eher als diffus zu bezeichnen. Und genau so ist das Befinden im gesellschaftlichen Zusammenleben und des Individuums darin: diffus – ohne genaue Abgrenzung, unklar und verschwommen.

Innerhalb des oben erwähnten Weltbildes, mit der Erde als eine Scheibe, wurde gezeigt, wie ein guter Mensch und eine gute Gesellschaft aussehen sollten. Dieses überkommene Weltbild wurde abgelöst vom Geist der Aufklärung, der vernunftbegabte Mensch als seines Glückes Schmied, Trennung von Kirche und Staat und zuletzt von politischen Ideen der demokratischen Mitbestimmung, den Menschenrechten und der Gleichheit von Mann und Frau. In diesem Zusammenhang wird Religion als etwas antiquiertes angesehen, das wissenschaftliche überprüfbare ist der Maßstab des Weltbilds und Gott als Schöpfer, die Offenbarung Gottes und das Jenseits werden ausgeschlossen.

Wenn wir uns die Frage stellen – wie wollen wir leben? Wie wollen wir auf gar keinen Fall leben? – so leitet sich hiervon die Frage ab: was ist ein guter Mensch. Was ist der Charakter einer normalen reifen und gesunden Persönlichkeit. Denn Grundvoraussetzung für ein glückliches zufriedenes und erfülltes Leben innerhalb unserer Gesellschaft, mit unserer Familie und Partner, ist diese reife Persönlichkeit.

Die reife produktive Lebensführung (mit Produktivität ist hier die Realisierung der dem Menschen eigenen Möglichkeiten, also der Gebrauch der eigenen Kräfte, gemeint) beinhaltet das Wissen, dass mit der Geburt der Entwicklungsprozess beginnt, das in uns vorhandene Potential zum Leben zu erwecken, damit unsere emotionalen und intellektuellen Fähigkeiten gedeihen und wir unser Selbst gewahr werden.

Da diese Entwicklung des Selbst niemals endet, können wir im übertragenen Sinn das Leben als fortwährendes geboren werden begreifen und der Tod tritt ein, wenn die Geburt vollendet ist. Die Gewissheit, im Großen und Ganzen den richtigen Weg im Leben gegangen zu sein, verschafft eine Ausgeglichenheit und beflügelt uns auch im Älterwerden. Unser körperliches Wachstum verläuft selbständig, unsere geistig-seelische Entwicklung läuft nicht selbständig, hierfür müssen wir uns bemühen.

Eine weitere Voraussetzung, sich selbst zu werden, als Persönlichkeit der zu werden, der man eigentlich ist, ist in der westlichen Welt ein Minimum an materieller Sicherheit. Wer permanent heute nicht weiß, ob er morgen etwas zum Essen hat, ist nicht frei und kann nur situationsbedingt handeln.

Kultur und Tradition werden durch die Vision eines reifen Lebens lebendig gehalten. Diese Tradition beruht nicht in erster Linie auf der Übermittlung gewisser Ideen und Kenntnisse (Wissen), sondern auf der von menschlichen Haltungen.

07 Wer Gott spüren will, muss es zulassen. Wer Christ sein will, muss sich dafür entscheiden

Für den Christen ist der allmächtige Gott keine Abstraktion für die Beschreibung des höchsten Guts oder Ideal, sondern ein persönlicher allmächtiger liebender Gott mit einem Ich, sprich Bewusstsein. Auf dem Berg Sinai antwortete Gott aus einem brennenden Dornbusch heraus Moses auf die Frage Wer bist Du? mit: „Ich bin der, der ich bin!" Und auch jeder einzelne Mensch verfügt über ein Bewusstsein in Form von Ich. Wenn wir davon sprechen, dass wir nach Gottes Ebenbild geschaffen sind, dann ist es dieses Ich, welches damit gemeint ist.

Theistische Version

Für den Christen wurde die Welt, das gesamte Universum und alles Sein aus dem Nichts von einem sich selbst bewussten Schöpfergott bewusst und gewollt geschaffen. Das menschliche Bewusstsein ist nach dem Ebenbild Gottes geschaffen, das Ich, die Seele. Der Mensch ist sich seiner Existenz bewusst. Im Vertrauen auf unseren Schöpfer hat alles seinen Sinn. "Ich bin das Alpha und das Omega!" Mit dem Glauben an eine bewusste Schöpfung ist das Kernproblem der klassischen Frage nach der Art des Zusammenhangs von Geist und Materie beantwortet. Die Materie wurde aus dem Geist Gottes heraus erschaffen.

Philosophische Version

Philosophisch ausgedrückt ist die gesamte Schöpfung eine geistige Projektion. Alle Elemente der physischen Welt sind zugleich mental. Und da die Spezies Mensch innerhalb dieser Projektion ein Teil davon sind, ist dies nach wissenschaftlichem Maßstab nicht verifizierbar. Wir Menschen sind einem Fisch im Teich vergleichbar dem man nicht plausibel machen kann, dass er nass ist. Materie benötigt in letzter Konsequenz immer einen Beobachter, der das Objekt als solches wahrnimmt. Ohne Beobachter kein Objekt; ohne Geist keine Materie. Geist heißt in meiner Interpretation Bewusstsein, so dass sich in der Schöpfung ein Absichtswillen verbirgt.

Physikalische Version

Für immer mehr Naturwissenschaftler, insbesondere für den Grundlagenforscher der Quantenphysik, ist der Baustein des Universums Information. In der Abstraktion weiß das Universum, dass es existiert. Nach der Heisenbergsche Unschärferelation besitzt das zu untersuchende Elementarteilchen sowohl Eigenschaften eines Teilchens als auch Eigenschaften einer Welle. Das Ergebnis ist immer abhängig vom Aufbau des Versuchs. Nach Ansicht des Physiknobelpreisträgers von 2022, dem österreichischen Hochschullehrer Prof. Dr. Anton Zeilinger, wird das zu untersuchende Teilchen nicht nur durch die Untersuchung erst beobachtet, sondern es wird erst durch die Untersuchung aus dem Nichts erzeugt. Dies lässt den Gedanken folgen, dass das Universum die Ausdrucksform einer zugleich physikalischen und geistigen Beschaffenheit der Materie ist.

Atheistische Version

Für den Atheisten ist die Welt, das Universum oder sogar Multiversen ein Akt des Zufalls, der Geist des Menschen, das Bewusstsein, hat sich innerhalb der Evolution aus den physikalischen und chemischen Grundeigenschaften herausgebildet. Dem Universum ist unser temporäres Dasein auf der Welt gleichgültig. Ewiges Werden und Vergehen. Gegen Ende ist dann Schluss mit lustig.

08 An Gott glauben aus Vernunftgründen

Gibt es einen nachvollziehbaren Grund, aus Vernunft an die Schöpfung allen Seins durch einen liebenden allwissenden und sich seiner selbst bewussten Gott zu glauben, an die Existenzweise unserer Seele auch über unserem leiblichen Tod hinaus, welches wir als weiterleben nach dem Tod und in der christlichen Formulierung als Auferstehung von den Toten beschreiben und dies in einer allgemeinverständlichen Sprache darzustellen.

Die erste Voraussetzung ist, dass es keine Zeit im herkömmlichen Sinn gibt. Die Vorstellung von Vergangenheit, Gegenwart und Zukunft haben wir Menschen in die sehr nützliche Illusion von gestern, heute und morgen umgewandelt. Es gibt nur Naturgesetze und physikalische Abläufe, welche wir Menschen als „Zeit" empfinden. Hierdurch gibt es für unser lineares geistiges Vorstellungsvermögen ein Nacheinander. Dieses Phänomen der „Zeit" gibt es nur im Zusammenhang mit Materie. Wenn es keine Zeit gibt, dann muss es einen Anfang im Schöpfungsakt gegeben haben. Die Frage, was machte Gott vor dem Schöpfungsakt, kann niemand beantworten. Aber die Frage, wie lange dauerte die Ewigkeit vor diesem Schöpfungsakt, kann man in Form einer Metapher beantworten: Etwa eine Sekunde!

Aus theistischer Sichtweise wurde die Welt, das gesamte Universum und alles Sein aus dem Nichts von einem sich selbst bewussten allmächtigen Schöpfergott geschaffen. Somit ist die Welt eine geistige Projektion aus dem heiligen Geist heraus. Diese Projektion ist unsere Realität und damit keine Illusion. Wir Menschen als bewusste Wesen sind somit Ausdrucksformen der zugleich physischen und mentalen Beschaffenheit der Materie. Und da wir Menschen innerhalb der Welt Teil dieser Projektion sind, ist uns eine objektive Betrachtungsweise der Realität verschlossen. Einem Fisch im Wasser vergleichbar, der nicht nachempfinden kann, dass er nass ist (sofern er ein Bewusstsein hätte). Als geistige Projektion – Schöpfung - ist das Jenseits somit keine Illusion, sondern nur eine andere Form der Realität, welche in Wechselwirkung mit dem Diesseits steht. Diese Wechselwirkung ist in der Kontemplation im Glauben erfahrbar. Das Jenseits ist nicht im Reich der Fiktion angesiedelt, sondern eng verbunden mit der realen Welt. Das Jenseitige ist daher fortwährend präsent aus der Tatsache, dass es existent ist.

Zur Schöpfung ergibt sich die Frage, hätte Gott uns Menschen nicht auch als reine Geisteswesen schaffen können. Natürlich hätte er dies tun können, nur wären wir dann als solche Geschöpfe Maschinen gleich, ohne über einen freien Willen zu verfügen, da wir ja in unserem Sosein geschaffen wurden und keine Entscheidungsfreiheiten hätten, wie wir handeln wollten. Nur über die Existenzweise innerhalb einer materiellen Welt, können wird über die Reflexion der Gegensätze und die Wahrnehmung der Materie (zum Beispiel: das ist ein Glas Rotwein!) unseren Geist bilden, Erkenntnisse machen und uns für das Gute oder Böse entscheiden, richtig und falsch erkennen und uns so zu freien geistigen, verantwortlichen und letztlich selbstbestimmten Wesen entwickeln. Nach der Erfahrung der materiellen Welt benötigt unser Geist nicht mehr die dauerhafte Existenzweise als physikalisches Wesen. Der reine Geist, unsere Seele, benötigt um zu sein nicht die Existenzweise innerhalb einer materiellen Welt. Umgekehrt ist für die Existenz von Materie immer ein bewusster Geist erforderlich, welcher die Existenz der Materie als solche wahrnimmt. Ohne Beobachter keine Materie.

Wir sind nach Gottes Ebenbild geschaffen, das heißt, wir verfügen über einen bewussten, sich selbst reflektierenden Geist, welcher sich in seinem Ich, unserer Seele, wahrnimmt. Wer wider besseres Wissen böse handelt, trübt seinen reinen Geist. Wer eine böse Tat begeht, zum Beispiel einen vorsätzlichen Mord, und dies nicht bereut, somit sein böses Handeln nicht einsieht und den verursachten Schmerz nicht nachempfindet, verliert seine Seele, da er durch die Verdrängung der Wahrheit nicht mehr zur Reflektion mit seinem reinen Geist fähig ist. Er ist nicht mehr sich selbst. Und wer dauerhaft nicht sich selbst ist, der geht ins geistige Nichts.

Unser irdisches Dasein bewirkt über die Reflektion mit der Materie, die Wahrnehmung und Erfahrung anhand der Gegensätze (warm und kalt, hoch und tief, Gut und Böse, richtig und falsch unser Ich (Seele), das Werden des Geistes, um so ganz unser Selbst als freie Geschöpfe Mensch zu sein. Mit anderen Worten: Die Persönlichkeit zu werden und zu sein, welche wir eigentlich sind: ein freier selbstverantwortlicher unabhängiger Geist. Und auch die Frage, warum lässt ein allmächtiger gütiger Gott das Böse in der Welt zu, erklärt sich aus der Notwendigkeit der Erkenntnisfähigkeit für unser Sein. Das Gute ist nur durch das Böse erfahrbar und zu verstehen. Somit gehört als Erfahrungsgegensatz auch alles Elend dieser Welt, einschließlich in Form von Naturkatastrophen als auch das von uns Menschen verschuldete böse handeln. Wenn wir das Böse erkennen, können wir uns für das Gute entscheiden.

Denn nur in der Handlungsfreiheit der materiellen Welt, kann sich ein unabhängiger freier Geist nach dem Ebenbild Gottes entwickeln. Diese Handlungsfreiheit vollzieht sich innerhalb der von Gott geschaffenen Naturgesetze, welche durch ihre Beschaffenheit von Anfang an Gottes Absichtswillen beinhaltete, dass sich selbstbewusster freier unabhängiger Geist entwickelt – wir Menschen.

Vor allem sollten wir als Christen betonen, dass uns der Aspekt bekannt ist, dass das menschliche Gottesbild einhergeht mit seiner anthropologischen Entwicklung: vom Donnergott, zum strafenden und zornigen Gott und weiter zum liebenden allwissenden Gott. Wie ein Kind konnte noch der Gott Abrahams geliebt oder gefürchtet werden. Es ist nicht zu bestreiten, dass nicht wenige Menschen ihre Religiosität aus ihrem infantilen Charakterelement heraus erleben und praktizieren. Daher auch der Titel meines Buches: Gott ist nicht der Mann mit dem langen weißen Bart! Auch das Bedürfnis, die patriarchalischen und matriarchalischen Elemente bei der Religionsausübung zu befriedigen, zeugen von einer infantilen religiösen Haltung. Und die Überbetonung der Schwachen, Kranken, Verfolgten, Entrechteten, Unschuldigen, Gedemütigten, Verletzten, und Einsamen, grenzt die gesunden und starken Menschen aus. Im Christentum geht es um den Weg zu einer reifen selbstbestimmten und mutigen Persönlichkeit, das entnehme ich den Aussagen von Jesus Christus. Daraus weiter abgeleitet mein verantwortliches Handeln für mich und meine Mitmenschen. Meine religiöse Ausrichtung zu Gott ist von jener Demut geprägt, dass ich in letzter Betrachtung nichts von Gott weiß, aber durch mein Vertrauen, Hoffnung und spirituelle Erfahrung mir glaubend sicher bin, dass alles was geschieht einen letzten Sinn hat.

Der Versuch, rationale vernünftige Gründe für die Existenz von Gott zu finden, richtet sich genaugenommen gegen infantiles Gedankengut. Ob es einen Gott gibt, ist nach wissenschaftlichen Maßstab nicht verifizierbar, wobei ich hierfür auch gar keine Notwendigkeit sehe. Denn in dem Augenblick, wo die Existenz Gottes bewiesen ist, verlieren wir Menschen unsere Freiheit, uns für das Gute oder Böse zu entscheiden und somit autonome Wesen zu sein. Ich hoffe, dass die Menschheit noch ein paar tausend Jahre weiterbesteht. Ich habe die feste Überzeugung, dass dann durch Erkenntnisse der Naturwissenschaften ein Gottesbild entstanden sein wird, wie wir es uns heute noch nicht mal ansatzweise vorstellen können. Nur eines ist gewiss, Gott in seiner Gesamtheit ergründen und zu erfassen, wird uns Menschen aufgrund unserer beschränkten kognitiven Fähigkeiten im Diesseits auf ewig verschlossen bleiben.

09 Essay über die Zeit - Gibt es Zeit!
Gibt es Zeit? Gibt es Zeit, so dass wir mit Gewissheit sagen können, dass es Vergangenheit, Gegenwart und Zukunft gibt. Oder ein Gestern, Heute und Morgen? Wenn die Erde sich einmal um sich selbst gedreht hat, ist ein Tag vergangen. Der Tag hat 24 Stunden, eine Stunde hat 60 Minuten und eine Minute hat 60 Sekunden. Wenn die Erde sich in ihrer Umlaufbahn einmal um die Sonne gedreht hat, ist ein Jahr vergangen; 365 Tage.

Gibt es Zeit? Geneigter Leser, beantworten Sie die Frage für sich mit einem Ja oder Nein. Die Antwort lautet: Es gibt keine Zeit! Die Zeit ist eine sehr, sehr hilfreiche Erfindung oder besser gesagt Konstruktion von uns Menschen. Die Erfindung der Zeit hilft uns, unser Leben zu strukturieren und sichert sogar in gewisser Weise unser Überleben auf diesem blauen Planeten. Wir wissen durch die Hilfskonstruktion der „Zeit", wann wir das Getreide aussäen müssen und wann es Zeit ist, körperlich zu ruhen. Schon Albert Einstein sagte: „Der Unterschied zwischen Vergangenheit, Gegenwart und Zukunft ist eine Illusion, wenn auch eine bleibende!" Ich glaube, als ich diesen Satz von Albert Einstein las, habe ich begonnen, über das Wesen des Phänomens der Zeit nachzudenken.

Es gibt keine Zeit, es gibt immer nur Hier und Jetzt. Je nach dem an welchem Ort ich mich befinde, ist dies das Hier und Jetzt. Innerhalb des physikalischen Raumes kann ich mich, im Abstand nicht messbar, von einem Hier und Jetzt in das nächste Hier und Jetzt bewegen.

Es gibt keine Zeit, es gibt nur physikalische Gesetzmäßigkeiten und chemische Prozesse. Wenn sie sich in der Theorie vorstellen, einen Apfel, den sie vor sich auf einen Tisch gelegt haben, fortwährend, ohne Unterbrechung zu beobachten, also ohne zu schlafen und sich von der Stelle zu bewegen, könnten sie zusehen, wie er vertrocknet bzw. verfault: Der Apfel ist oxidiert. Während dieser Beobachtung hat sich die Erde soundso viel Mal um sich selbst gedreht und nach unserer Konstruktion der Zeit sprechen wir, dass dies mehre Tage waren, welche wir in mehrere Wochen zusammenfassen. Letztendlich gab es aber nur ein Jetzt und in dem Apfel ist ein chemischer Prozess abgelaufen. Der Wechsel von Tag und Nacht bestärkt uns in der Illusion, dass innerhalb des Oxidationsprozess des Apfels die Zeit vergangen wäre, die es eigentlich gar nicht gibt.

Und genauso ist es mit dem Ablauf der physikalischen Gesetzmäßigkeiten. Je schneller sich ein Gegenstand im Raum bewegt, desto langsamer verlaufen die physikalischen Gesetzmäßigkeiten in ihm ab.

Geneigter Leser, wenn Sie sich in der Theorie vorstellen, sie würden sich in einem Raumschiff befinden, welches sich mit annähender Lichtgeschwindigkeit fortbewegt und in dem eine Lifebildkamera die augenblicklichen Geschehnisse direkt zur Erde überträgt, dann würden für Sie die physikalischen Gesetzmäßigkeiten innerhalb des Raumschiffs sehr, sehr langsam ablaufen. Von ihrem subjektiven Empfinden würden sie das nicht bemerken. Wenn sie dann, zeitlich abgelesen auf ihrer Raumschiffuhr, nach 3 Jahren wieder auf der Erde landen würden, wären dort mehrere Tausend Jahre vergangen. Die Menschen auf der Erde, welche sich ab und zu die Bilder der Life-Übertragung ansehen, würden keine Bewegung innerhalb des Raumschiffs wahrnehmen können, da die physikalischen Gesetze dort so langsam aufgrund der hohen Geschwindigkeit ablaufen.

Da wir Menschen selbst aber Teil der physikalischen Welt sind, finden auch in uns permanent physikalische Veränderungen statt. Wir bringen diese physikalischen Veränderungen, zum Beispiel die Tatsache, dass wir altern, in Zusammenhang mittels Uhr die Zeit zu messen und sagen dann zum Beispiel: Innerhalb von 5 Jahren habe ich graue Haare bekommen.

Unsere alltägliche Wahrnehmung des Zeitgefühls ist Empfindung von Zeit. So kann für uns die Zeit „Stillstehen" oder aber auch im Augenblick vergehen.

Tja, das ist keine Esoterik, sondern Physik! Unsere „messbare Zeit", Abläufe innerhalb der physikalischen Welt, gibt es nur im Zusammenhang mit Materie. Raum und Zeit sind nicht das Ergebnis unserer Erfahrungen, sondern das Produkt unseres strukturierten Denkmusters, welches uns als Erkenntnisform so angeboren ist.

Das Verständnis der „Zeit" ist für den theistisch ausgerichteten Menschen entscheidend, denn die Erkenntnis, dass es keine „Zeit" gibt, ermöglicht den Akt der Schöpfung in einem Anfang. Gäbe es Zeit, müsste man sich fragen, was hat „Gott" in der Ewigkeit vor der Schöpfung gemacht. Auf diese Frage antwortete Augustinus, dass es eben vor der Schöpfung keine Zeit und keinen Raum gab.

Und die allgemeine Frage, was machte Gott in der Ewigkeit, bevor er die Welt erschuf und wie lange dauerte denn diese Ewigkeit? Also die Frage, was machte Gott während der Ewigkeit vor der Schöpfung, kann niemand beantworten. Und die Frage, wie lange dauerte denn diese Ewigkeit vor der Schöpfung, wage ich mit einer Metapher zu beantworten: Etwa eine Sekunde!

Das Verständnis der „Zeit" ist für den theistisch ausgerichteten Menschen entscheidend, denn die Erkenntnis, dass es keine „Zeit" gibt, ermöglicht den Akt der Schöpfung in einem Anfang

Gott selbst ist unteilbare Gegenwart, der Seiende!

10 Philosophischer Exkurs über das Sein

- **Ontologie** ist die Lehre vom Sein, von den Ordnungs-, Begriffs- und Wesensbestimmungen des Seienden –

- **Transzendenz**, das jenseits unserer Erfahrungen liegende, Überschreitung der Grenzen der Erfahrung, des Bewusstseins, des Diesseits –

- **Transzendent** die Grenzen der Erfahrung und der sinnlich erkennbaren Welt überschreitend, übersinnlich, übernatürlich –

Im Johannes Evangelium (1, 1 – 5) heißt es im Prolog: „Im Anfang war das Wort, und das Wort war bei Gott, und das Wort war Gott. Im Anfang war es bei Gott. Alles ist durch das Wort geworden und ohne das Wort wurde nichts, was geworden ist. In ihm war das Leben und das Leben war das Licht der Menschen. Und das Licht leuchtet in der Finsternis und die Finsternis hat es nicht erfasst."
Schöner kann man die Schöpfung nicht beschreiben.

In seiner Unzulänglichkeit stellt der Mensch im Bezug zum Sein fragmentarisch innerhalb seines Daseins das Ganze des Seins (Gott) dar. Gott hat uns nach seinem Ebenbild erschaffen und der Mensch vermittelt als Seiender den Sinn von Sein und erfährt in der spirituellen Ausrichtung die Einheit und Ur-Verbundenheit aller Wirklichkeit. Alles ist mit allem verbunden.

Wenn alles Sein, einschließlich der Materie, aus dem göttlichen Geist heraus, vom Seienden, erschaffen wurde, dann ist in letzter Konsequenz die Beschreibung der Materie durch den Menschen eine Illusion. Das heißt aber nicht, dass die Schöpfung, alles Sein und somit auch die Materie selbst eine Illusion sind, sondern wir Menschen können die Dinge nicht so sehen, nicht so wahrnehmen, wie sie letztendlich sind. Unsere Sinnesorgane leiten ihre Empfindungen an unser

Gehirn weiter, welches die Wahrnehmung als Realität interpretiert. Elektromagnetische Wellen innerhalb eines bestimmten Frequenzspektrum werden über die Netzhaut unseres Auges zu unserem Gehirn geleitet und dort als Farben interpretiert und als solche dann wahrgenommen. In einem anderen Frequenzbereich werden elektromagnetische Wellen als Wärme empfunden. Letztendlich sind und bleiben elektromagnetisches Wellen nichts anderes als was sie sind: elektromagnetische Wellen. Unser Gehirn hat sich entwickelt zum Überleben unserer Spezies Mensch, nicht um irgendwelche objektive Erkenntnisse zu gewinnen. Unser Raum- und Zeitgefühl entspringen den Strukturen unseres Denkens und sind angeboren. Daher sind wir gar nicht in der Lage etwas zu erfahren oder zu erleben, was jenseits einer zeitlichen und räumlichen Wahrnehmung liegt. Alle Erfahrungen und Erleben werden über dieses Denkmuster von Raum und Zeit interpretiert. Die objektive Beschaffenheit der Welt, unabhängig von unserem erlebten Bewusstsein, bleibt uns für immer verschlossen.

Noch einmal: Sollte die Welt von einem allmächtigen Schöpfergott durch seinen heiligen Geist aus dem Nichts erschaffen worden sein, dann ist die uns umgebene Realität eine geistige Projektion dieses Schöpfers. Und diese Projektion ist unsere Realität und damit keine Illusion. Somit ist auch das Jenseits keine Illusion, sondern nur eine andere Form der Realität. Wenn dem so ist, dann ist das Jenseitige nicht im Reich der Fiktion angesiedelt, sondern eng verbunden mit der realen Welt. Das Jenseitige ist daher fortwährend präsent aus der Tatsache, dass es existent ist.

Die Sehnsucht des Menschen nach Spiritualität ist Ausdruck Diesseits und Jenseits durch erlebte Erfahrung (Kontemplation) zu verbinden. Die Sinnhaftigkeit unseres Lebens wird in ihrer Komplexität nur in der kontemplativen Haltung erfahrbar. Diese Erfahrung und Verstehen ist mit unserem begrifflichen Denken nicht mit Worten zu beschreiben.

Wir können Realität nur in einem sehr eng begrenzten Rahmen erfassen. Unser Wunsch, die Welt denkend in ihrem Gesamtzusammenhang zu verstehen, des Sinns innezuwerden, kann immer nur Fragment sein. Wenn wir davon ausgehen, dass die „Welt" in einem Schöpfungsakt durch Gott aus seinem Geist heraus entstanden ist, dann müssen wir die Beschaffenheit der Materie in neuem Licht besehen. Dann nämlich ist die Welt und alles Sein eine geistige Projektion. Das Diesseits und Jenseitige gehören zusammen, sowie Geist und Materie zusammen gehören und in Wechselwirkung stehen. Da für den Theisten aus der Materie selbst, nehmen wir als Metapher einen Haufen Sand, kein belebter Geist in Form von Bewusstsein sich entwickelt, ist die Schaffung von Leben durch unseren Schöpfer (Gott) schlüssig. Die Naturwissenschaften werden uns in Zukunft auf wissenschaftlicher Basis noch bestätigende Antworten in Teilbereichen die Materie betreffend geben und so einen Beitrag zur Versöhnung von Geistwissenschaft und Naturwissenschaft leisten. Nach der Quantenphysik ist die Vorstellung, dass die real faktisch existierende Wirklichkeit unabhängig von uns ist, falsch. Die Annahme, dass Etwas (hier Teilchen) schon vorher existent war, bevor ich es beobachte, trifft nicht zu. Die Beobachtung ändert nicht nur die Welt, sondern sie ist wesentliche Bedingung, welche die Existenz eines Teilchens erst ermöglicht. Die Quantenphysik ist noch nicht in der Geisteswissenschaft angekommen, so dass ein neues Weltbild in Umrissen vorliegt. Für den Naturwissenschaftler ist der Baustein des Universums Information, der Theist nennt den gleichen Vorgang den Geist Gottes.

Alles menschliche Gedankengut in Bezug auf Materie kann bestenfalls immer nur Annäherung bzw. Hilfskonstruktion sein, jedoch nie die genaue Beschreibung der Wirklichkeit selbst. Deshalb bedienen wir uns oftmals bei der Beschreibung im Zusammenhang mit dem Sein und dem Seienden einer Metapher, also einer bildhaften Übertragung des beschriebenen. Jegliches philosophieren über diese Dinge ist eine Glaubenswahrheit, das heißt nach wissenschaftlichem Sinn, ich kann es nicht verifizieren, dass es so ist.

Mit den Augen kann ich sehen, mit den Ohren kann man hören, mit der Zunge kann man schmecken, mit der Nase kann man riechen und mit der Haut kann man fühlen. Geneigter Leser, stellen Sie sich vor, sie wären nie in diese Welt geboren worden, hätten also nie die Erfahrungen dieser Welt gemacht (Interaktion mit der Materie), dann wüsste ihr Geist im leeren Raum ohne seine Sinnesorgane nur „Ich bin!".

Die Dinge werden erst wahr und begreifbar durch ihren Gegensatz: hell – dunkel, laut – leise, gut – böse. Um zu interagieren, benötigt der Geist den Gegensatz (auch Materie). Auch Naturkatastrophen und aus der Natur resultierendes Elend gehören zu diesem Gegensatz. Wäre die Welt von unserem Schöpfer in der Form geschaffen worden, dass es nur das Gute gibt und somit keine Handlungsfreiheit besteht, dann wären wir keine freien (autonome Subjekte) Menschen und eher Automaten vergleichbar. Hieraus erschließt sich die Antwort auf die Frage, warum Gott alles Elend und Übel dieser Welt zulässt. Erst nach der Erfahrung und Erkenntnis von Gut und Böse, einschließlich dem Elend dieser Welt, der Erfahrung und Wahrnehmung der Gegensätze, gibt unserem Ich oder besser gesagt unserer Seele erst die Voraussetzung zum Werden. Ohne die negative Erfahrung des Elends in der Welt, wäre das Gute für uns Menschen nicht verständlich. Eine Seele, unser Ich bin, ohne vorherige Reflektion mit der Materie, bestünde nur aus dem Gedanken „Ich bin!".

**Realität ist nur erfahrbar durch den Gegensatz.
Das Gute wäre ohne das Böse nicht erfahrbar.
Das Elend der Welt macht uns dies erst verständlich.
Die Möglichkeit, uns innerhalb unserer Handlungen
zu entscheiden, gibt uns die individuelle Freiheit
und macht uns so zu einem freien Geist**

Was bedeutet Sein!

Der Philosoph Descartes schreibt über das Dasein und dem Wesen der menschlichen Seele, die Existenz des Menschen: „Ich denke, also bin ich!" Es muss nicht immer erkennbar sinnvoll sein, wie ich in der Form des Seins handle. Ein Kunstwerk zu schaffen oder einfach nur am Strand sitzen und aufs Meer schauen ist nicht unbedingt zum Überleben notwendig. Selbständiges Handeln ohne ein Erfordernis ist Seins Erfahrung. Gerade in der Fähigkeit, etwas vermeintlich sinnloses zu tun, ist der Beweis von geistiger Freiheit. Wenn wir uns mit etwas beschäftigen, was uns Freude bereitet, künstlerische Tätigkeit, einem Hobby nachgehen, Sport treiben usw. dann erleben wir dies im Zustand des Seins. Oftmals gibt es Augenblicke, welche nicht wenige Menschen so beschreiben: Immer, wenn ich mich mit diesen Dingen beschäftige, spüre ich, dass jetzt die Welt in Ordnung ist. Während unserer künstlerischen oder sportlichen Handlungen können wir unsere Transzendenz spüren, dass wir auch Geisteswesen sind. Die höchste Form des Seins findet sich in der Nächstenliebe. Handeln ohne zu fordern oder etwas dafür zu erwarten.

Noch einmal: Wenn alles Sein, einschließlich der Materie, aus dem göttlichen Geist heraus erschaffen wurde, dann ist in letzter Konsequenz die Beschreibung der Materie durch den Menschen eine Illusion. Da wir selbst Teil des Ganzen sind, ist eine Objektive Erfassung der Dinge nicht möglich. Also geneigter Leser: „Wir sind wie der Fisch im Wasser, der sich nicht vorstellen kann, dass es noch eine andere Welt an Land gibt. Selbst wenn ein Fisch logisch denken könnte, wäre es ihm nur sehr schwer zu vermitteln, dass er vom Wasser umgeben nass ist. Empfinden könnte er den Zustand nicht, da er die Trockenheit nicht kennt. Wir als Menschen können nur erahnen, dass es noch ein Jenseits gibt und die Realität der Materie nicht mit unserer Vorstellung und Wahrnehmung übereinstimmt. Alles menschliche Gedankengut in Bezug auf Materie kann bestenfalls immer nur Annäherung bzw. Hilfskonstruktion sein, jedoch nie die genaue Beschreibung der Wirklichkeit selbst.

Was wir jedoch wissen können ist, dass zur Existenz der Dinge (Materie) immer ein Beobachter erforderlich ist. Also ohne Beobachter, kein Objekt. Theoretisch: Wenn in einem Urwald ein Baum umfällt, gibt es ein Geräusch, wenn kein Lebewesen sich in der unmittelbaren Nähe des Ereignisses aufhält: Antwort: Nein! Wenn der Baum umfällt, schlagen zwar die Luftmoleküle aneinander, aber es muss immer ein Ohr in geeigneter Nähe sein, welches das Zusammenschlagen der Luftmoleküle zu einem Gehirn weiterleitet, damit es dort als Geräusch wahrgenommen werden kann. Und genauso benötigt die Materie einen Beobachter, damit sie existiert.

Sein ist der Zustand des bewussten Handelns im eigenen Ich. Handeln im Sein kommt gerade dann zum Ausdruck, wenn es beim ersten Anschein nach nicht sinnvoll ist. Am Strand sitzen und aufs Meer schauen, ist nach dem ersten Anschein nicht notwendig für unser Überleben. Wenn wir es jedoch so auffassen, dass es der Bewusstmachung dient, dass wir auch Geisteswesen sind und so dies spürend erfahren, dann ergibt es wiederum einen Sinn.

Als Geisteswesen besteht der Sinn unseres Daseins darin, der oder die Persönlichkeit zu werden, welcher wir eigentlich sind. In unserem irdischen Dasein ist dies ein dauerhafter Prozess, welcher mit unserem physischen Tod abgeschlossen ist.

Immer, wenn wir uns im Zustand befinden, den wir mit „Jetzt ist die Welt in Ordnung!" beschreiben, dann befinden wir uns im Idealzustand des Seins. Die Zeit steht still und es herrscht Ruhe. Es können Stunden vergehen, ohne dass wir das Vergehen der Zeit als solches empfinden. Im Zustand des Seins kann, und die Betonung liegt ganz auf kann, es zu intuitiven Erkenntnissen und Erfahrungen kommen, die nicht in Wort und Schrift erfasst werden können. Diese Formen des Seins erleben die Ordensfrauen und Mönche in ihrem Gebet. Jeder Mensch macht diese Seins Erfahrungen. Voraussetzung hierfür ist, dass die jeweilige Person es auch will. Man muss es zulassen.

Den Zustand des Seins können wir erfahren oder spüren bei einer künstlerischen Tätigkeit, beim Bergsteigen, einem Waldspaziergang mit meinem Hund, bei der Ausübung sportlicher Aktivität und vor allem im Gebet. Ein Freund von mir wurde Karateeuropameister in der Disziplin Kata, dem Formenlauf der Karatetechniken. An die Ausführung seiner „Kata" im Finale hat er jedoch keine Erinnerung mehr. Nein, die Erinnerung an das Finale ist ihm nicht verloren gegangen, die war nie da. Oder ein Jogger, der das Laufen nicht mehr als anstrengend empfindet bzw. das eigentliche Laufen nicht mehr wahrnimmt.

Welchen Vorteil hat denn letztendlich der Theismus, der Glaube an einen persönlichen, als Schöpfer von außen auf die Welt im Schöpfungsakt einwirkender Gott? Es ist die Geborgenheit, dass alles seinen Sinn hat, auch wenn meine persönliche Erkenntnisfähigkeit beschränkt ist – oder noch einfacher: auch wenn ich den Sinn nicht verstehe. Mein Bestreben im Leben, eine reife Persönlichkeit zu sein und zu werden ergibt Sinn, unabhängig vom gelebten Lebensschicksal. Die innere Erfahrung, in der Geisteshaltung des Seins behaftet, sich selbst zu erleben und nicht in der Haltung des Habens und des etwas Besitzens. In der Geisteshaltung des Seins heißt es somit: Ich brauche dich, weil ich dich liebe! Dies ist die selbstlose, nicht einengende Haltung, die Förderung der Entfaltung des geliebten Menschen zu seinem Selbst durch die Liebe zu ihm mitzutragen.

In der Haltung des Habens lautet die Definition der Liebe: „Ich liebe dich, weil ich dich brauche! Das ist die besitzergreifende Geisteshaltung, bei der man die geliebte Person nur vermeintlich liebt. Man will die geliebte Person besitzen und die Kontrolle über sie ausüben, um sie nicht zu verlieren. Wobei man aber gerade bei dieser Geisteshaltung den geliebten Menschen verliert. Was ist jedoch ein Seinstypus bzw. ein Habentypus und worin unterscheiden sich die beiden Wesenstypen des Menschen. Nur sehr selten gibt es reine Seins- oder Habentypen. Wichtig für uns alle ist die Bewusstmachung der Unterschiede der beiden Wesenstypen, um entsprechend unseres eigenen Handelns zu reflektieren.

Habentypus hat nichts mit dem Besitz von Eigentum (Haus, Auto, Kleidung) in funktionalem Gebrauch zu tun, sondern es ist die damit verbundene Geisteshaltung, des Besitz wegen des Besitzes wegen, das Festhalten der Dinge für die Ewigkeit, die Angst materielle Güter zu verlieren und die Macht in Amt und persönlicher Position auszuüben, um der Macht willen und nicht der Sache wegen. Wenn wir unsere soziale Stellung, Macht, Ansehen, Einfluss, Beziehungen, Fähigkeiten nur um deren Selbstzweck wegen ausüben, dann handeln wir in der Haltung des Habens. Aber diese Haltung entseelt und macht den Menschen nicht glücklich. „Verschenke alle deine Kleider und folge mir!" Im Original heißt es im Matthäus-Evangelium: „geh, verkauf deinen Besitz und gib das Geld den Armen; so wirst du einen bleibenden Schatz im Himmel haben; dann komm und folge mir nach." „Verschenke alle deine Kleider und folge mir" heißt nicht, wir sollen alle unsere Habseligkeiten verschenken, sondern wir sollen unser Herz nicht an materielle Güter und Macht hängen und uns am Wesenszug der Nächstenliebe orientieren. Unser Handeln sollte immer authentisch sein, das heißt nie halbherzig, sondern aus Überzeugung und Hingabe.

Der Christ hat sich für das Sein entschieden, er ist ein Seinstypus und nicht ein Habentypus, so dass seine Bereitschaft an Häufigkeit und Intensität zu geben, zu teilen und auch zu opfern stärker ausgeprägt ist, welches zu den Ur-Kräften der Spezies Mensch gehörte, um gerade in den Anfängen der Menschheitsgeschichte zu überleben. Und wir sollten uns wieder begreiflich machen, dass diese Geisteshaltung auch heute für unser Überleben auf dieser Welt notwendig ist. Diese Haltung im Sein beflügelt den Menschen und bewirkt, dass er sich zu einem selbstverantwortlichen und reifen Menschen entwickelt. Für den Christen spiegelt sich diese Haltung in seinem Vertrauen auf Gott, dem Wissen seiner menschlichen Unzulänglichkeit, in einer von Demut getragenen liebenden Lebensweise, welche sich immer um Wahrheit bemüht. Demut als Haltung heißt hier vor allem, dass wir trotz aller Fortschritte in Wissenschaft und Technik anerkennen, dass wir Menschen niemals hierdurch allein Erlösung finden werden, sondern auf die Gnade Gottes angewiesen sind. Für ein gelungenes

Leben sollte man sich nicht selbst erhöhen, sondern mit Demut und Dankbarkeit für dieses Geschenk auf Gott blicken. Unter Demut verstehe ich nicht Demütigung als Unterordnung, sondern als Geisteshaltung, sich selbst als reife Persönlichkeit zurückzunehmen, das Staunen nicht zu verlieren und in seinem Selbst zu ruhen.

Für den Naturalisten, für den alles aus den Naturgewalten und diese wiederum allein aus sich selbst heraus erklärbar sind, ist es ewiges Werden und Vergehen. Das Leben auf dem Planeten Erde ist für ihn eine temporäre Erscheinung, dessen Schicksal in einem sinnentleerten, immer weiter sich ausdehnenden Universum, letztendlich gleichgültig abläuft. Auch der Naturalist kann sich für den Lebensweg der reifen Persönlichkeit entscheiden, er gibt seinem Leben den Sinn, den er für sich als richtig erachtet. Auch er kann sich für die selbstlose Form der Liebe entscheiden. Nur begründet er diese Entscheidung aus seiner Natur heraus. Ich tue dies, damit mir vielleicht auch ein anderer seine Selbstlosigkeit zuteil kommen lässt. Hintergrund ist immer die Natur, das Überleben der Spezies Mensch. Das Gehirn, das „Ich" oder das Bewusstsein als Selbst, ist Teil der Evolution. Das Gehirn als ein Organ ist ein kompliziertes Informationssystem, welches mit dem körperlichen Tod ebenfalls erlischt. Einen Sinn aus der reinen Geisteshaltung gibt es nicht. Unser Handeln, auch unser Bewusstsein, wird durch die Evolution aus der Natur erklärt. Wobei dieses gegenwärtig nicht bewiesen ist. Was dem Naturalisten jedoch fehlt ist die Geisteshaltung der Hoffnung, dass alles seinen Sinn hat, und zwar aus einer geistigen Haltung der Schöpfung heraus und nicht des Naturalismus.

Meine Beschreibung der Seinstypen oder Habentypen hier sind abstrakt. Wir Menschen sind unzulänglich und im Alltag zwischen beiden Typen hin und hergerissen. Aber nichtsdestotrotz, sollten wir uns um die richtige Geisteshaltung bemühen. Wer dies nicht tut, kommt eher einem Traumwandler gleich, welcher seine Oberflächlichkeit als das wahre Leben begreift und genauso einmal von dieser Welt scheidet: belanglos! Er geht ins Nichts. In früheren Zeiten nannte man das die

Hölle. Durch die Anerkennung, dass durch die göttliche Allmacht alles Sein einen Sinn hat, löse ich mich als Mensch von dem Wunsch nach Allwissenheit und Allmacht. Durch diese Objektivität akzeptiere ich die Grenzen des menschlichen Wesens, meine Unwissenheit, Unzulänglichkeit und Hilflosigkeit, welches mich aber nicht vom Streben nach rechtem Handeln befreit

11 Was ist Geist – Der Mensch als Ebenbild Gottes -

Geist als Bewusstsein ist die denkende Fähigkeit in der Reflektion seiner selbst, seine eigene Existenz zu erkennen. Von dieser grundlegenden Basis gehen alle weiteren geistigen Interaktionen aus, insbesondere im Zusammenhang mit der Materie in unserem alltäglichen Erleben der Welt in unserem individuellen Dasein. Unsere Erfahrungen und Anschauungen über die wahre Natur der Welt erfolgen über die Strukturen unseres Denkens in Raum und Zeit. Unser Denken in Raum und Zeit ist jedoch ein evolutionäres Konstrukt, welches uns als Erkenntnisformen angeboren ist. Wir haben deshalb keine andere Möglichkeit, als Erfahrungen durch unsere Sinnesorgane über die Welt nur über dieses strukturelle Denken in Form des Vorurteils von Raum und Zeit zu interpretieren. Die Tatsache, dass es Tag und Nacht gibt suggeriert, dass es ein Gestern, Heute und Morgen gibt und verschleiert, dass es real nur ein Hier und Jetzt gibt. Die reale Natur der Welt, unabhängig von unserem erlebenden Geist, bleibt uns auf ewig verschlossen. Wenn wir jedoch die Evolution mit einbeziehen, dass sich die Ausbreitung des Geistes zu einer immer komplexeren Erkenntnisform entwickelt hat, dann können wir sinnbildlich anführen, dass am Ende aller Tage der Geist diese Welt in sich aufgenommen haben wird. Diese philosophische Aussage fügt sich nahtlos zu religiösen Aussagen über das Ende aller Zeit: „Ich bin das Alpha und das Omega!"

Noch einmal zur Wiederholung: Was ist Geist? Geneigter Leser, stellen sie sich zunächst ein Glas Rotwein und einen bewussten Geist in Form von Ich vor, sonst nichts. Alles schwebt in unserer Vorstellung in einem leeren Raum. Außer dem bewussten Geist Ich und dem Glas Rotwein nur ein großes Nichts. Durch die Wahrnehmung der Materie, hier das Glas Rotwein, durch den bewussten Geist Ich, interagieren Geist und Materie, sie beeinflussen sich gegenseitig, indem Geist sagt, das ist ein Glas Rotwein und in der Reflektion sich als Ich erkennt, denn das Ich ist nicht ein Glas Rotwein, und die Materie, hier das Glas Rotwein, erst durch die Wahrnehmung des bewussten Geistes existent ist. Denn ein Glas Rotwein hat keine bewussten Wahrnehmungen und kann sagen: „Ich bin ein Glas Rotwein!" Also ohne Geist keine Materie. Aber Geist braucht keine Materie um zu sein, sondern nur das Bewusstsein in Form von Ich bin. Um sich zu erweitern und vervollkommnen benötigt Geist die Gegensetze innerhalb des physikalischen Universums, um sich mittels seiner Sinnesorgane selbst zu reflektieren und zu erkennen. Mit anderen Worten: Das menschliche Bewusstsein benötigt die subjektive Erfahrung der Welt, um zu erkennen und zu sein. Der physikalische Tod des Menschen ist der Abschluß dieser Erfahrung; jedoch nicht das Ende, sondern ein neuer spiritueller Anfang, welcher aufgrund seiner zuvor gemachten Erkenntnisse, Wahrnehmungen und Erkenntnisse eines physikalischen Körpers nicht mehr bedarf.

Für uns Christen wurde die Welt von unserem Schöpfergott aus dem Nichts, aus seinem Geist, erschaffen. Wenn der Mensch geboren wird und sich als Ich, als individuelle Seele bewusst wird, dann ist das der Schlüssel zur Ewigkeit und zum ewigen Leben.

Wenn wir davon ausgehen, dass der Schöpfungsakt sich nicht nur auf einen Anfang beschränkt, sondern als der uns Menschen fassbare Augenblick einer sich vollziehenden Schöpfung vollzieht, so können die Erkenntnisse der Evolution mit in diesen Prozess einbezogen werden. Ebenso kann die Unvollkommenheit und Mangelhaftigkeit der Welt mit einer noch nicht vollendeten Schöpfung verstanden werden. In der Offenbarung des Johannes bezeichnet sich der erhöhte Jesus Christus als „das Alpha und das Omega (erster und letzter Buchstabe des klassischen griechischen Alphabets), der Erste und der Letzte, der Anfang und das Ende"

Der menschliche Geist ist Ausdruck eines sich selbst bewussten Schöpfers. Geist und Materie befinden sich in einer Wechselwirkung. Voraussetzung für die Existenz von Materie ist ein Beobachter der zum Beispiel bewusst wahrnimmt: ja der Stein ist. Das physikalische Universum ohne Beobachter ist nicht existent. Es muss immer ein bewusster Geist vorhanden sein, der es als physikalisches Universum wahrnimmt oder es ist nicht existent.

Materie ist in ihrem Geschöpftsein für den Theisten nichts anderes als ein Ausdruck des bewussten Geistes Gottes. Die Materie wurde vom Geist erschaffen und nicht der bewusste Geist aus der Materie, was letztendlich bedeuten würde, dass der Geist nicht belebt ist, sondern nur eine Ausdrucksform der Materie ist. Eine mögliche philosophische Konsequenz aus der Quantenphysik abgeleitet besagt, dass die lokale Realität, die experimentell beobachtete physikalische Eigenschaft eines Teilchens nicht nur von der Entscheidung des Beobachters abhängt, welche Messung er durchführt, sondern die Entscheidung, welche Messung er durchführt einen wesentlichen Einfluss darauf ausübt, was Wirklichkeit sein kann. Das gemessene Resultat reflektiert keine Eigenschaft, die vor der Beobachtung unabhängig von ihr existent war. Wir sollten uns daher von einer Vorstellung der Wirklichkeit verabschieden, die in allen ihren Eigenschaften unabhängig von uns existiert.

Wenn wir wissen möchten, ob die Welt von Gott erschaffen wurde, so ist das menschliche Ich, welches wir auch Seele nennen, ein Hinweis darauf, dass es einen göttlichen Geist gibt. Jede Seele unterscheidet sich von der anderen Seele und ist so ein Individuum. Für uns Christen ist der allmächtige Gott keine Abstraktion für die Beschreibung des höchsten Guts oder Ideal, sondern ein persönlicher allmächtiger liebender Gott mit einem Ich, sprich Bewusstsein. Auf dem Berg Sinai antwortete Gott aus einem brennenden Dornbusch heraus Moses auf die Frage Wer bist Du? mit: „Ich bin der, der ich bin!" Und auch jeder einzelne Mensch verfügt über ein Bewusstsein in Form von Ich. Wenn wir davon sprechen, dass wir nach Gottes Ebenbild geschaffen sind, dann ist es dieses Ich, dieses unser selbst bewusst sein, unsere Seele, welches damit gemeint ist. In der weiteren Betrachtungsweise als Ebenbild, das Gott als Geist, die allumfassende Liebe, Gerechtigkeit und Wahrheit ist, so bedeutet das für den Menschen, dass diese Attribute auch Bestandteil seines Wesens sind und sein Innerstes dies in seinen Handlungen einfordert. Der Widerspruch im Menschen entsteht durch seine Unzulänglichkeit als transzendentes Wesen, welches sich permanent in seinen Handlungen für richtig und falsch, für Gut und Böse entscheiden muss. Aus seiner begrenzten ich-bezogenen Perspektive ist er bei seinen Entscheidungen permanent überfordert. Was im Augenblick gut für ihn ist, kann für seine Mitmenschen schlecht sein.

Zum Nachdenken:

Noch einmal: Realität ist nicht existent, wenn es keinen Beobachter gibt. Dies hört sich zwar verrückt an, ist aber derzeit nach philosophischen Gedanken aus der Quantenphysik heraus nicht zu widerlegen. Das zu beobachtende Teilchen war vorher noch nicht existent, sondern wird erst durch die Beobachtung erzeugt. Der Geist schafft die Materie. Somit stehen Geist und Materie in einer Wechselwirkung.

Wenn „Geist", für den Christen ist es der Schöpfergott, die Ursache der Materie ist, dann ergibt sich für die Forschung der Quantenphysik, dass bei der Beschreibung der physikalischen Abläufe dies zu berücksichtigen gilt. Der Geist des Wissenschaftlers beeinflusst das Ergebnis des physikalischen Versuchs (Anmerkung: Heisenbergsche Unschärferelation)

12 Leben nach dem Tod

Wenn die Welt und alles Sein die Schöpfung eines allmächtigen und liebenden Gottes ist, eine geistige Projektion (Gott als alles bestimmende Wirklichkeit – Formulierung von Rudolf Bultmann 1961), und auch der menschliche Geist, unser Ich, also unsere Seele, von Gott erschaffen und von unserem freien Willen bestimmt sind, dann ist auch das Weiterleben unserer Seele nach unserem Tod und der Eingang in das Reich Gottes von unserem Wollen abhängig.

Zur Wiederholung: Geist heißt sich seiner selbst bewusst zu sein, also das Bewusstsein, unser Ich und Seele, das Wissen und das willentliche Wollen.

Bei der Auferweckung des Lazarus sagt Jesus zu Martha: „Ich bin die Auferstehung und das Leben. Wer an mich glaubt, der wird leben, auch wenn er stirbt; und wer da lebt und glaubt an mich, der wird nimmermehr sterben. Glaubst du das?" (Johannes 11,25-26 Lu). Martha bestätigte daraufhin die Frage Jesu und dass er der Christus sei. In der Folge (Vers. 28-44) erweckte Jesus Lazarus wieder zum Leben.

Wer nicht an das Weiterleben der Seele nach dem Tod glaubt, für den mit dem physischen Tod des Menschen auch alles geistige Dasein zu Ende ist, wer sich also für das Nichts entschieden hat, der wird auch in das Nichts eingehen, da es ihm an dem Wollen fehlt. Und auch wer sich weder für den Atheismus noch für den Theismus entschieden hat, wer sagt, ich lasse mich nach meinem Tod einfach überraschen, der wird nicht überrascht sein, da es ihm am Wollen fehlt. Denn die spirituelle Erfahrung beseelt den Menschen mit dem Sein und dem Wissen um diese Erkenntnis darum, während der Charakter des Habens von der Destruktivität beseelt und sein Herz sich an der materiellen Welt orientiert. Im Buch Tobias sagt der Erzengel Raphael: „Wer das Unrechte tut, ist ein Feind seiner eigenen Seele."

Außerdem ist der Tod die Institution, vor der wir Menschen alle gleich sind. Hier liegt die Gerechtigkeit für uns Menschen insofern, dass das ewige Leben auf Erden nicht käuflich ist. Somit endet die Macht des Geldes mit dem Tod und damit eröffnet sich für den Menschen die Notwendigkeit, in seiner kurzen Lebensspanne sich mit dem wesentlichen zu befassen: Dem Schönen und Guten und als wichtigstes der Nächstenliebe, der Liebe überhaupt umso ganz Mensch zu werden. Die Möglichkeit zum entsprechenden Handeln sind uns von Natur aus gegeben. Wer diesem Sinn widerstrebt, geht fehl und endet in der Sprache des Mittelalters in der Hölle.

Das hier geschriebene zum Thema Leben nach dem Tod spiegelt meine persönliche Annahme, welche den geneigten Leser zum eigenen Nachdenken anregen soll.

Wer nicht an das Weiterleben der Seele nach dem Tod glaubt, für den mit dem physischen Tod des Menschen auch alles geistige Dasein zu Ende ist, wer sich also für das Nichts entschieden hat, der wird auch in das Nichts eingehen

Zum Nachdenken:

Erst die Interaktion des Geistes mit der Materie schafft Realität. Mit der Erschaffung der materiellen Welt, der Erkenntnismöglichkeit der Gegensätze durch den Menschen, Gut und Böse, gab Gott den Menschen die Freiheit der Seele.

Zum Schmunzeln:
„Ist der Mond auch da, wenn gerade mal niemand hinguckt? Antwort: Nein!"
(Anmerkung: dies ist eine Metapher – Sinnbildlich)

13 Spiritualität: = eine philosophische Richtung, für die das Geistige das Wirkliche, das körperliche aber die Erscheinungsweise des Geistes ist.

Jesus sagt: „Entscheide dich!" Mohammed sagt: „Unterwerfe dich!" Und damit haben wir schon den entscheidenden Unterschied. Der Christ soll sich entscheiden, zum Christsein gehört die Freiheit. Der Moslem soll sich unterwerfen. In Gesellschaften mit moslemischer Glaubensausrichtung wurde diese Unterwerfung zu Gott und Einfügung in die Gemeinschaft der Gläubigen zum Instrument der politischen Machtausübung. Wer etwas in Frage stellte, wurde gleich als Häretiker diffamiert. Alles steht geschrieben. Alles soll so bleiben wie es ist.

Mit der christlichen Freiheit im Denken, philosophische Darstellung des Glaubens, der Versuch eines Gottesbeweises usw., erzeugte bei den Gesellschaften mit christlicher Prägung ein analytisches Denken. Mit diesem analytischen Denken konnte man eine Dampfmaschine entwickeln und eine Industrialisierung voran bringen. Der Nachteil ist, dass bei diesem realen analytischen Denken über Glaubensfragen der christlichen Religion die Spiritualität verloren gegangen ist oder zu mindestens erheblichem Schaden erlitten hat. Über die Dogmatik, die wissenschaftliche Darstellung der christlichen Glaubenslehre, ist mit der Aufklärung und der Säkularisierung die aktive gegenwärtige spirituelle Erfahrung im Glauben als Erlebnis und Gewissheit verloren gegangen. Die Gesellschaft glaubte plötzlich, das nur real ist, was auch nach wissenschaftlichem Maßstab in Form eines Beweises bestand hat. Mit diesem Denken kann man zwar faktisch glauben, jedoch nicht zu einem vom Glauben beseelten und durchdrungenen Menschen werden. Wenn dogmatischer Glaube und aktives spirituelles Erlebnis zusammen gehören, dann frage ich mich, wie viele Kardinäle, Bischöfe und Priester noch nie wirklich geglaubt oder ihren Glauben verloren und dies noch nicht einmal bemerkt haben. Für mich persönlich gehört Dogmatik und Spiritualität zusammen.

Spiritualität im Glauben heißt, die Gegenwart Gottes spüren. Diese unmissverständliche Grunderfahrung des Erkennens, worum es überhaupt geht, äußert sich in der gespürten innerlichen Erhebung des Herzens bei der Kontemplation (hier im Sinne von geistigem In-sich-versenken) im Glauben. Intuitives Erkennen und Verstehen, ohne es in Worte fassen zu können. Die Buddhisten nennen diese Grunderfahrung Satori.

Diese Grunderfahrung der Wahrheitsempfindung wird mit der Zeit zu einer Gewissheit, welche uns auch durch den Alltag begleitet. Wir verspüren im Alltag immer wieder Augenblicke, wie uns diese Gewissheit trägt. Gott zeigt sich jedem Menschen bei den unterschiedlichsten Gelegenheiten. Voraussetzung hierfür ist jedoch, dass der betreffende Mensch hierfür auch eine Bereitschaft verspürt.

Es sind also zwei Dinge zu vermitteln: Einmal Glaubensinhalt und Hinführung zur spirituellen Erfahrung, der Kontemplation. Wenn man früh morgens in der Messe, gemeinsam mit ca. 80 Ordensbrüdern und 25 Kirchbesuchern gemeinsam das Vaterunser singend betend, die Arme geöffnet zum Fließen des göttlichen Spiritus, dann spürt man diesen Heiligen Geist – wer dazu bereit ist. Und dies ist der Schlüssel zum Glauben und zur Spiritualität. Man muss es zulassen.

Die wissenschaftliche Diskursregel zur Forschung ist für die Fragen des Glaubens bzw. der Religion ungeeignet, da hier immer der Versuch und der Beweis erforderlich sind. Aber auch die wissenschaftlichen Erkenntnisse sind immer begrenzt und können ohne kritische Reflektion in Irrtum und Unwahrheit führen. So wie Wissenschaft die Wahrheit des christlichen Menschenbildes nicht beweisen kann, da es sich um eine Glaubenswahrheit handelt, so kann man soziologisch beweisen, dass eine Gesellschaft ohne Glauben ihr Fundament verliert. Wie sollen wir uns entscheiden?

Glauben heißt im wissenschaftlichen Sinne ich weiß es nicht, bin aber der festen Überzeugung, dass es so ist. Das heißt, die Wahrscheinlichkeit, dass Gott existiert, liegt bei 50 %. Kann sein, kann nicht sein! Für den Atheisten ist die Sache von Anfang an verloren. Er hat sich gleich für das Nichtsein entschieden. Sehr hart ausgedrückt: Für das Nichts; für die Finsternis! Bestenfalls liegt für den Atheisten der Sinn des Lebens darin, den er sich selbst auferlegt. Der Christ sieht die Sache durch seinen Glauben und damit für sein Leben positiv. Mit der Erschaffung der Welt und allen Seins durch einen allmächtigen und liebenden Gott hat alles seinen Sinn, auch wenn der Mensch mit seinem beschränkten Geist nicht in der Lage ist, es zu verstehen. Für den Christen ist die Welt ein Mysterium, sein Glaube gibt ihm die erforderliche Sicherheit. Im Gottesdienst hören wir deshalb immer wieder: „Geheimnis des Glaubens!"

Für die Christen wurde die Welt und alles Sein von einem allmächtigen und liebenden Gott aus sich selbst heraus erschaffen. Für den Atheisten ist es ewiges Werden und Vergehen oder einfach Zufall, dass die Materie sich aus dem Nichts entwickelt hat oder schon immer war. Dies würde bedeuten, dass sich der Geist, das Bewusstsein in Form von Ich, der Gedanke ich bin, erst im Lauf der Evolution herausgebildet hätte.

Der Christ baut auf Liebe, Glaube, Hoffnung und dass alles was geschieht, letztendlich durch Gott seinen Sinn hat. Der Christ weiß, dass die Menschen nie auch nur ansatzweise die Fähigkeiten besitzen werden, die Gesamtzusammenhänge des Seins rational zu erklären und zu verstehen. Der Christ ist in seinem Tun von Liebe beseelt und durch die spirituelle Gotteserfahrung gestärkt. Der Christ weiß sich in seiner Spiritualität aufgehoben. Da es für den Christ einen liebenden Spiritus Rector gibt weiß er, dass er in dessen Geist aufgehoben ist. Der Christ kann sich in aller Not und Elend fallen lassen, da es durch seinen Schöpfergott einen Sinn ergibt, auch wenn er diesen nicht kennt und versteht; der Atheist fühlt sich als Verlierer. Der Christ fühlt in sich eine innere Ruhe.

Der Christ bekennt sich bewusst zu seiner Unzulänglichkeit als Mensch bei gleichzeitiger Erkenntnis der Notwendigkeit, sich stets um rechtes Handeln zu bemühen (Anmerkung: Die kath. Kirche macht immer noch den Fehler, das Phänomen der Unzulänglichkeit mit dem Wort Sünde zu beschreiben!). Hieraus ergibt sich die Grundhaltung, sich selbst als Person nicht so wichtig zu nehmen, getragen von der Nächstenliebe, wie sie die Christen verstehen, oder besser gesagt, verstehen sollten: Ich brauche dich, weil ich dich liebe. Dies ist die christliche Grundhaltung im Sein. „Ich liebe dich, weil ich dich brauche!" ist die Grundhaltung des Habens in der materialistischen atheistischen Sichtweise. „Wenn ich dich nicht mehr brauche, kann ich dich austauschen. Das ist meine Art der Liebe. Der Erfolg gibt mir recht!"

Zum Nachdenken:

Glauben heißt im wissenschaftlichen Sinne ich weiß es nicht, bin aber der festen Überzeugung, dass es so ist.

14 Über das Beten

Für den theistisch ausgerichteten Menschen, für den die Welt und alles Sein von einem Schöpfergott aus dem Nichts geschaffen wurde, der verfügt über ein gewisses Feingefühl und verspürt auch seine Verbundenheit mit dieser spirituellen Wirklichkeit. Das Gebet verschafft ihm in der Kontemplation (beschauliches Nachdenken und geistiges Sichversenken) die Brücke zu diesem Sein des Erkennens und Verstehens, ohne es in sprachliche Fassung bringen zu können. Demut in diesem Zusammenhang heißt nicht Demütigung, sondern zeigt die Geisteshaltung des Praktizierenden. Sich selbst zurücknehmend, den heiligen Geist in sich fließen lassen und die Schönheit der Schöpfung in sich wirken zu lassen.

Die Form und Ort des Betens ist individuell. Bei einem Sparziergang im Wald, an einem schönen Ort, in der Kirche oder sonst wo und nicht wenige Menschen beten und wissen es nicht. Für den christlich ausgerichteten Menschen kann das Beten zu Gott auch im Du stattfinden, da nach der christlichen Lehre es sich um einen persönlichen allwissenden Gott handelt.

Ebenso das gemeinsame Beten, der Choralgesang oder das Singen im Gottesdienst, sind nichts anderes als Mittel zur Kontemplation. Wer einmal damit angefangen hat wird verstehen, dass wir diese Art der Kontemplation für unser Sein benötigen, um ganz uns Selbst zu werden. Durch das Beten erfolgt eine Selbstreflektion, durch die man sich selbst immer besser kennen lernt und vor allem durch diese Handlung eine aktive Persönlichkeitsentwicklung stattfindet.

Bete jeden Tag und sprich mit niemandem darüber. Und warum mit niemandem über die dabei gemachten Erfahrungen sprechen? Ganz einfach: Um sich selbst gegenüber ehrlich zu sein. Nur in der persönlichen Akzeptanz der Verschwiegenheit gestehe ich mir die Antworten und spirituellen Erfahrungen selbst ein. Es erfordert Mut, bei diesem Selbstversuch ehrlich zu sich selbst zu sein.

Und es geht auch um die Fähigkeit des Betens. Für denjenigen, für welchen die Welt und alles Sein in seinem Denken atheistisch ausgerichtet ist, der kann auch nicht beten. Wer im Rheintal, hoch über dem Fluss in den Weinbergen sitzt und innerlich die Schönheit und die Unbegreiflichkeit der Schöpfung spürt und damit in letzter Konsequenz die Existenz Gottes anerkennt, der betet.

15 Atheismus

Auf die Frage, ob sie religiös ausgerichtet und an einen persönlichen Gott glauben antworten heutzutage nicht wenige Menschen, dass sie Atheisten sind und nicht an ein Weiterleben nach dem Tod glauben. Wer darüber hinaus keine Argumente über diese Thematik verfügt und sich auch sonst keine weiteren Gedanken darüber gemacht hat, ist ein Pseudo-Atheist. Denn er ist ohne Argumentation nicht antitheistisch, sondern einfach nur gleichgültig. Mehrere Generationen sind zwischenzeitlich nicht nur ohne Glauben, sondern religionslos aufgewachsen. Das heißt, wenn ich nichts über Religion, Glauben usw. inhaltlich weiß, kann ich mich auch nur für das Nichts entscheiden.

Der echte Atheist verfügt über ein fundiertes Wissen, seine Argumente sind durchdacht und das Wissen über die Dogmatik der Religionen übersteigt oftmals das der Mehrheit der Gläubigen. Die Materie und der Geist der Welt ließen sich aus den Naturgesetzen und der damit verbunden Evolution erklären. Für ethisches Verhalten bräuchte man keine Religion und schon gar keinen allmächtigen Gott als Schöpfer und Lenker. Gott wäre eine Fiktion des menschlichen Geistes und das jeweilige Gottesbild der einzelnen Epochen hätte sich entsprechend der anthropologischen Entwicklung der Menschen angepasst. Jeder Mensch sollte für sich seinen persönlichen Sinn des Lebens zurechtlegen und den lieben Gott einen guten Mann sein lassen. Ja, so eine Einstellung kann für den einzelnen gut gehen.

Für den Atheisten hat die Schöpfung in letzter Konsequenz keinen Sinn, außer dem, welchen er sich selbst seinem persönlichen Leben zubilligt. Das geht insgesamt so lange gut, als man über ein für sich akzeptables finanzielles Auskommen verfügt. Also man über einen Lebens- und Beziehungsstandart verfügt, mit dem man im gemeinen gesellschaftlichen Gefüge angenehm über die Runden kommt. Es darf halt nur nix dazwischen kommen: Krankheit, Scheidung oder andere tragische Ereignisse.

Für den Atheisten ist der menschliche Geist in Form unseres Gehirns nur ein kompliziertes Informationssystem, welches nach bestimmten Grundmustern funktioniert und die Summe seiner sozialen Erfahrungen und gelerntes Wissen beinhaltet, welches in unserer Individualität als Person zum Ausdruck kommt. In letzter Konsequenz bedeutet dies, dass die gesamte Welt, eingeschlossen das gesamte Universum und alles Dasein, ein ablaufendes Informationssystem ist und es somit keinen freien Willen gibt. Das Kausalprinzip, Ursache und Wirkung: ich trinke ein Glas Wasser, weil ich durstig bin und anschließend mein Durst gestillt ist, stelle somit einen reinen mechanischen Vorgang dar. Die geistige Notwendigkeit des Trinkens, trinken zum Lebenserhalt des Körpers, erschließt sich nicht aus dem Durstgefühl. Alle Handlungen und Abläufe im Dasein sind daher determiniert. Unser Gehirn mit den entsprechenden strukturierten Abläufen sind daher rein materiell und ein Geist, zum Beispiel in Form von Ich, unsere Seele, sind reine Illusion.

Die Frage ist nur, ob aus einem konsequenten Atheismus sich nicht ein Nihilismus herausbildet, welcher in eine autokratische Gesellschaftsform mündet: Ich liebe dich, weil ich dich brauche! Die christliche Sozialisierung – Ich brauche dich, weil ich dich liebe! – wird in einem solchem System verschwinden.

Und auch bei der Beurteilung der Kirche als Institution darf man sich berechtigt die Frage stellen, ob sich nicht auch hier über mehrere Generationen ein Atheismus breit gemacht hat, ohne dass es den Verantwortlichen bewusst ist. Ist denn Sexualfeindlichkeit der Kirche, die Verherrlichung des Leidens und die Ängstigung- und Disziplinierungskultur nichts anderes als lebensfeindlicher Atheismus?

Was schrieb Paulus an die Gemeinde der Korinther: *„Wenn ich in den Sprachen der Menschen und der Engel redete, hätte aber die Liebe nicht, wäre ich dröhnendes Erz oder eine lärmende Pauke."*
Die Menschen in unserer Gesellschaft haben erkannt, wie das Machtgefüge der Kirche als Institution funktioniert und dass es letztendlich strukturell nur um deren Erhalt geht. Vernichtend kann man sagen, dass wer die Macht annimmt, um der Macht willen, der dient einem Götzen. Und wer einem Götzen dient, der ist ein Atheist. Der Fairness halber muss jedoch auch gesagt werden, dass es innerhalb der Institution Kirche auch Kräfte gibt, die es verstanden haben, was in der heutigen Zeit erforderlich ist. Und das sind mehrheitlich die engagierten Frauen der Kirche. Die befinden sich in der Jesusnachfolge des Muts zur Wahrheit. Die andere Fraktion sind diejenigen, gegen die Jesus gepredigt hat: Pharisäer und Heuchler. Die haben Angst vor dem anderen, dem Anderssein und dem Verlust der Macht durch veränderte Strukturen. Umso verachtenswerter ist es, wenn gerade dieser Typus frömmelnd über die Liebe und das Leben referiert, permanent vom Glauben redet und zu Gott betet und allein schon durch seinen äußeren Habitus für jedermann als nicht authentisch zu erkennen ist.

Noch einmal: Der Atheist, oder besser gesagt der Naturalist, geht davon aus, dass die Welt nicht von einem Gott erschaffen wurde, sondern für ihn gibt es nur ewiges Werden und Vergehen. Die Gattung Mensch ist für den Naturalisten eine zufällige, randständige und temporäre Episode in einem sinnleeren, unendlichen Universum, dem das Schicksal und das Glück der Menschen völlig gleichgültig sind.

Nachdenkenswert in diesem Zusammenhang ist, dass es Unendlich nicht gibt und schon gar nicht als reale Zahl, sondern lediglich als Wortschöpfung. Ich bediene mich auch hier einer Metapher (Sinnbild). Geneigter Leser, in dem Augenblick, als sie meine Worte hier lesen, gibt es auf unserem schönen blauen Planeten Äpfel. Aber die Anzahl der Äpfel ist begrenzt. Es gibt nicht unendlich viele Äpfel auf dieser Welt. Und jetzt übertragen wir dieses Sinnbild auf die Anzahl der Atome in unserem Universum. Unabhängig wie viele Sonnen, Galaxien und neuerdings sogar Multiversen es gibt, die Anzahl der Atome, die Bausteine der Materie, ist begrenzt. Und da Atome sich nicht aus sich selbst heraus produzieren bedeutet dies, dass die Realisierung von Materie begrenzt ist. Irgendwann ist die Kombinationsmöglichkeit der Atome (Bausteine) ausgeschöpft und alles würde sich wiederholen, war schon einmal existent.

Wenn wir als Menschen in einer solchen Welt leben würden, die sich zuvor schon mehrfach vom Ablauf der Ereignisse her gleich reproduziert hätte, wir würden es nicht merken und hätten auch keine Möglichkeit, dies zu überprüfen. Das einzige was uns bleibt ist die philosophische Frage, ob so ein System Sinn macht. Ich verneine dies, es ergibt keinen Sinn.

Die Wahrscheinlichkeit, dass die Naturkonstanten in der Anfangsphase des Ur-Knalls genau den Wert enthalten müssen, und hierbei auch nicht um ein milliardstel vom Wert abweichen dürfen, damit sich später Atome bilden können usw., ist vom statistischen Standpunkt aus gesehen unmöglich. Das Wunder ist nicht, dass durch den Wert der Naturkonstanten des Urknalls Leben entstanden ist, sondern dass es sich überhaupt erst ereignet hat.

Der Gedanke, anstelle eines Universums jetzt auf die Existenz von Multiversen zu schließen (die Existenz von Multiversen ist nicht beweisbar) mit einer unendlich großen Anzahl von Universen war der Versuch eine Antwort darauf zu finden, dass die statistische Unwahrscheinlichkeit des Entstehens eines Universums in den Bereich „mit sehr hoher Wahrscheinlichkeit" zu rücken. Damit war das Problem gelöst, warum etwas entstanden ist und nicht Nichts. Auch die Spekulationen über Paralleluniversen und Blasenuniversen sind Versuche zu erklären, dass bei einer unvorstellbar großen Anzahl von Universen das Entstehen von physikalischen Welten und insbesondere von Leben zwar nicht so häufig vorkommt, es aber auch nicht als außergewöhnliches Ereignis zu bezeichnen wäre.

Bei der Metapher des Blasenuniversums stellen wir uns einen kochenden Topf Linsensuppe vor. Diese Linsensuppe symbolisiert die Ur-Suppe, aus der alles entsteht. Die Blasen, welche durch das Kochen entstehen, symbolisieren die entstehenden und auch schon wieder vergehenden Universen. In einigen Blasen entstehen physikalische Welten, in einigen entsteht sogar Leben dabei und in anderen wiederum entsteht einfach nur nix. Anstelle von einem unendlichen Kosmos, sollten wir von einem unvorstellbar großen Kosmos sprechen. Bei einem unendlich großen Kosmos, mit entsprechend unendlich vielen Universen, bei dem die Teilchenankonstellationen sich in unbegrenzbarer Vielfalt sich zwangsläufig unendlich viele Male wiederholen bedeutet dies, dass sich auch unsere Wirklichkeit, sich in einer unendlichen Zahl anderer Universen des Patchwork-Multiversums wiederholt.

Fazit: Eine „Welt", die schon immer ist und im Wandel der Zeit und der Naturgesetze besteht. Eine Hypothese eines Weltenkonstrukteurs ist dann nicht mehr erforderlich, da diese Welt nicht geschaffen werden musste, sie war schon immer vorhanden. Diese Welt wäre in letzter Konsequenz sinnentleert.

Wie wollen wir uns entscheiden. Sein, ewiges Werden und Vergehen. Für die atomistische Lehre von der unendlichen Zahl möglicher Welten mit unbegrenzbarer Vielfalt an Konstellationen und den damit verbunden Wiederholungen, auch der unseres Daseins mit all seinen Varianten, oder dem einmaligen willentlichen theistischen Schöpfungsakt aus dem Nichts durch einen sich selbst bewussten Schöpfers im Vertrauen, dass sich in Ihm der Sinn des Lebens im Alpha und Omega erschließt.

16 Der sonntägliche Gottesdienst

Der sonntägliche Gottesdienst des 18. Und 19. Jahrhunderts war von der Gestaltung her das Rockkonzert für die Menschen in der Gesellschaft. Das Kirchenschiff war das prachtvolle Wohnzimmer der armen Leute, welches ihnen als Verheißung ein besseres Leben im Paradies versprach. Die Menschen glaubten mit dem Herzen und der Hoffnung; die Kirche als Institution war ihnen Anker und sorgte für ihr seelisches Gleichgewicht. Für irgendetwas in Frage zu stellen hatten die Menschen unter der Last des Alltags keine Zeit und verfügten auch nicht über die erforderliche Bildung.

Seit ich im Januar 2017 in den Ruhestand gegangen bin, gehe ich nach über 50jähriger Abstinenz wieder regelmäßig sonntags in die Kirche. Was ist mir am Gottesdienst aufgefallen: Die Frohe Botschaft wird immer noch sauertöpfig in der Predigt rübergebracht. Ein Zuviel des erhobenen Zeigefingers und ein Zuviel die Betonung der Sünder und der Schwachen. Natürlich gehören auch die Schwachen und Beeinträchtigten zur Gemeinschaft. Aber doch nicht nur. Es ist schön zu wissen, dass ich mich auch in der Not im Glauben geborgen fühlen kann. Es wird außer Acht gelassen, dass es sehr vielen Menschen innerhalb unserer Gesellschaft es einfach auch nur gut geht. Zumindest was den materiellen Wohlstand angeht. Was sollte eine junge Familie mit ihren Kindern 10 und 12jährigen Kindern veranlassen, sonntags mal einen Gottesdienst zu besuchen. Was würde den beiden Kindern dieser Familie im Gottesdienst gefallen: Die Lesung oder die Predigt von uns Sündern usw. Der sonntägliche Gottesdienst wird für das Christsein überbewertet. Weniger ist mehr bedeutet auch für den Gottesdienst Nachhaltigkeit. Wie oft spüren wir im Gottesdienst „Erhebet die Herzen!", die Frohe Botschaft! Ich würde mir wünschen, dass den Gottesdienst die Menschen mehr mit frohen Gesichtern verlassen. Ich erinnere mich an eine Predigt zum Thema Abtreibung. Dies ist eine sehr ernsthafte Thematik. In der Rhetorik und Ausdrucksweise wurde die Predigt jedoch so gehalten, als ob die anwesenden 30 Gottesdienstbesucher alle abgetrieben bzw. sich schuldig gemacht hätten. Da ich alle Anwesenden kenne weiß ich, was für brave Leute da den Gottesdienst besucht hatten.

Ein Freund von mir, welcher mich zuvor ein paar Mal sonntags in den Gottesdienst begleitet hatte sagte anschließend zu mir: „Jochen, das war's. Das ist noch genau wie früher. Und genau deshalb bin ich nicht mehr in die Kirche gegangen. Ewig bei den Menschen Schuldgefühle erzeugen für Dinge, die sie selbst nicht getan oder zu verantworten hatten. Dem ging es nicht um die Abtreibung, sondern um die Erzeugung von Schuldgefühlen und damit um Macht über andere." Ich konnte dem nur beipflichten und hinzufügen: „So predigt der schon seit 50 Jahren!" Natürlich steht der Christ auf der Seite des Lebens. Aber das muss bei der Thematik der Abtreibung positiv rhetorisch als Entscheidung für das Leben rübergebracht werden.

Wir sollten nicht von einer Gesellschaft mit Tendenz zum Atheismus sprechen, sondern von einer religionslosen Gesellschaft. Mittlerweile sind in Europa ganze Generationen religionslos aufgewachsen und können sich unter einer christlichen Sozialisation nur noch nebulös etwas vorstellen. Ganz zu schweigen vom Glaubensinhalt, welcher von der Art der Vermittlung für die Menschen unserer Gesellschaft ansprechend und interessant wäre, insbesondere für junge Leute. Gerade junge Menschen, wenn sie beruflich ihr erstes gutes Geld verdienen und auf ihrem Gehaltszettel die Kirchensteuer erblicken, fragen sich nach dem Warum und kehren der Institution Kirche den Rücken.

Ich möchte eine Lesung und Predigt, welche bewegt, mich zum Nachdenken anregt und zum Dialog auffordert. Anstatt in einer charismatischen Tonart, wird in einem metallischem steifen Tonfall vorgetragen. Das Alte Testament wurde für Menschen geschrieben, die in einer Gesellschaft lebten, welche weder kulturell noch sozial der unsrigen im geringsten ähnlich war. Die aus den sonntäglichen Lesungen resultierende ethische Grundausrichtung der Christen ist für die Menschen in unser Gesellschaft von den Gleichnissen her nicht mehr verständlich und bewegt sie daher nicht. Eigentlich müsste es den Interessierten neu gelehrt werden. Gottvater ist nicht der Mann mit dem langen weißen Bart und bei der Beichte muss auch nicht unbedingt gebeichtet werden, dass ich Süßigkeiten genascht habe.

Meine Erfahrungen beruhen auf den pastoralen Raum HL Kreuz hier im Rheingau. Die Pfarrer, Diakone und Pastoralreferenten sind engagiert. Neues, wie es früher undenkbar gewesen wäre, ist möglich. So wie es innerhalb der seelsorgerischen Aufgabe der Pfarrer ist, die Mitglieder der Gemeinde immer wieder zu stärken, Trost zu spenden usw., so würde ich heute den Pfarrern und ihren Mitarbeitern zurufen: „Lasst euch nicht unterkriegen, bleibt am Ball!" Das Problem in der Kirchen- und Gemeindearbeit ist nicht, dass es nicht möglich wäre etwas zu tun, sondern die Frage eher, wer soll es machen. Es kommt kein dauerhaft engagierter Nachwuchs mehr. Insbesondere nicht wenige der engagierten Frauen verlassen jetzt das Kirchenschiff oder gehen in Ruhestand und es rücken keine nach.

Zum Nachdenken:

Der sonntägliche Gottesdienst des 18. und 19. Jahrhunderts war von der Gestaltung her das Rockkonzert für die Menschen in der Gesellschaft.

17 Adam und Eva, eine etwas andere Sichtweise auf die ersten Menschen!

Die Geschichte von Adam und Eva, die Vertreibung des Menschen aus dem Paradies, versinnbildlicht die Bewusstwerdung des Menschen seiner selbst als Person in Form des Ichs. Vernunft und Vorstellungsvermögen zerstörten die für die tierische Existenz kennzeichnende Harmonie. Der zweite darauf folgende Schritt aus der Erkenntnis eines Ichs ist die Erkenntnis der Transzendenz, dass wir sowohl von körperlicher als auch von geistiger Natur sind und wir unsere individuelle geistige Natur Seele nennen. Mit dem Bewusstsein kam auch die Erkenntnis, dass wir zwar Teil der Natur sind, letztendlich aber sowohl in unserer sterblichen Körperlichkeit und unserem Geist in einer Getrenntheit von ihr Leben und somit als Individuum allein sind. Das harmonische Einssein mit der Natur und der Welt, das Paradiesische, war zerstört. Mit der Geschichte von Adam und Eva wird in mythologischer Sprache der geschichtliche Anfang des anthropologischen Prozesses geschildert, in dem der Mensch die Kräfte seiner Vernunft und Liebe entwickelte und so zu seinem vollen Menschsein gelangt und zu sich selbst in Harmonie und neuer Unschuld zurückkehrt.

Aus der Annahme der Existenz einer unabhängigen Seele eines jeden einzelnen Menschen ergibt sich die Fragestellung, ob die durch den gezeugten Körper entstandene Seele für ihr Dasein einen irdischen Leib benötigt und ob der Körper nur Mittel zum Zweck ist, um Seele zu erzeugen. Für den Theisten, also für einen Christen, ist die menschliche Seele als Geistesprodukt nicht an die materielle Welt gebunden und somit unsterblich im leiblichen Sinn (wir Menschen können uns den Fortbestand unserer Seele nach dem irdischen Tod nur als leibliches Weiterleben vorstellen!). Für den Atheisten ist das individuelle Ich eine aus der Evolution des Menschen sich ableitende Daseinsform und dass es sich bei der Definition einer Seele um eine Projektion von uns Menschen handelt, welche mit dem Tod eines jeden einzelnen in die Biomasse der Erde zurückkehrt.

Aber zurück zu Adam und Eva: In der Evolutionsgeschichte der Menschheit war das Auftreten eines Ichs bei den Hominiden die Menschwerdung und gleichzeitig auch die Vertreibung aus dem Paradies. Mit dem Apfel vom Baum, der Erkenntnis von Gut und Böse, konnten die Menschen plötzlich Gut und Böse voneinander unterscheiden und sich somit entweder für das eine oder das andere entscheiden. Gut und Böse gibt es nur im Zusammenhang mit der Freiheit zum Ungehorsam. Sie hatten ihre Unschuld verloren und sich den freien Willen genommen. Vorher hatten sie in ihrem Dasein intuitiv gehandelt und nicht nach dem Warum gefragt. Als Ich, bin ich mir meiner Ängste und Gefahren bewusst, meiner Verlorenheit und Hilflosigkeit in der rauen Welt und um die Mühen der Arbeit ums tägliche Brot. Im ersten Buch Mose, Genesis, wird dies mit „…sie fühlten sich nackt und …im Schweiße deines Angesichts sollst du dein Brot essen!" ausgedrückt. Mit der Erkenntnis eines individuellen Ichs hatte auch der Tod des Menschen eine andere Bedeutung. Das irdische leibliche Leben war endlich. Mit der Wahrnehmung des eigenen Ichs wurde der andere als Du, als individuelle Person erkannt. Die beiden Cherubim mit dem Flammenschwert, die den Eingang zum Paradies bewachen symbolisieren, dass es für die Menschheit kein Zurück mehr gibt. Als transzendente Wesen sind wir immer auf der Suche nach der harmonischen unschuldigen Lebensweise, dem Leben im Paradies, bevor „Eva ihrem Gefährten Adam den Apfel reichte".

18 „Wenn dir einer auf die linke Wange schlägt, dann halte ihm auch die rechte hin"

Die Kernaussage ist die Gewaltlosigkeit. Gewalt löst eine Spirale der Gewalt aus. Neben der körperlichen Gewalt gibt es aber auch noch die psychische Gewalt. Hier ein weiterer Aspekt des Gleichnisses. Die überwiegende Mehrheit der Menschen sind Rechtshänder. Ich glaube nicht, dass Jesus über die gewaltbereiten Linkshänder predigen wollte. Wer jedoch mit der rechten Hand mit der Faust, also gewalttätig, auf die linke Wange eines anderen Menschen schlägt, übt tätliche Gewalt aus. Der Schlag mit der rechten Hand auf die rechte Wange eines anderen ist der Schlag mit dem Handrücken, eine demütigende Geste. Es geht um die Verletzung der Würde des Einzelnen.

In unserer Gesellschaft überwiegt die verbale Gewalt im Alltag bei weitem die tätliche Gewalt. Es geht um die alltäglichen Verletzungen im Beruf, Schule, den sozialen Netzwerken und auch innerhalb des familiären Zusammenlebens. Wer nach einem „Schlag" auf die linke Wange auch noch die rechte Wange hinhält, der beschämt den Gewalttätigen. Wer die rechte Wange hin hält signalisiert, ich lass mir meine Würde nicht nehmen. Warum tust du das. Mit gleichem Vergelten würde die Spirale der Gewalt auslösen und der andere könnte sagen: „Und Du auch!" Und wer die rechte Wange hinhält signalisiert auch: Ich bin stark, als Christ mit der Allgegenwärtigkeit Gottes bin ich nicht allein.

Wer in sozialen Netzwerken gemobbt wird und fragt, was habe ich dir getan anstelle sich auf die Spirale der psychischen Gewalt einzulassen, der hält die rechte Wange hin und lässt sich nicht unterkriegen. Wer die rechte Wange hinhält ist nicht nur friedfertig, sondern auch mutig und ein Beispiel für andere.

19 Wer dieses Brot isst!

Im Christentum wir der Mensch in die Göttlichkeit mit einbezogen. Gott ist – auch – in uns. Im Akt der Hl. Kommunion, dem Mysterium der göttlichen Speisung, geht es um die Verinnerlichung Gottes im und durch den Menschen. Bei den Katholiken ist dies kein symbolischer Akt, sondern durch die Wandlung von Brot und Wein nehmen wir Gott in uns auf. „Wer mein Fleisch isst und mein Blut trinkt, hat das ewige Leben und ich werde ihn auferwecken am jüngsten Tag." (Johannes 6,54)

Bei der Formulierung „Wer mein Fleisch isst und mein Blut trinkt" handelt es sich um eine Metapher, bei der die hier verwendete Wortgruppe aus seinem eigentlichen Bedeutungszusammenhang in einen anderen übertragen wird, ohne dass ein direkter Vergleich zwischen Bezeichnetem vorliegt. Für uns Christen wurde die Welt und alles Sein von einem allmächtigen und liebenden Gott aus dem Nichts erschaffen, die Welt ist letztendlich eine geistige Projektion Gottes. Da Gott selbst das Leben erschaffen hat und Brot und Wein für das Leben steht, nehmen wir durch das Mysterium der Wandlung Gott real in uns auf als Leben der Welt. Als einziges Wesen der Schöpfung kann der Mensch sich für oder gegen Gott entscheiden. Wer sich für Gott entscheidet, gelangt in das „Reich Gottes", nimmt somit am Göttlichsein teil und wird leben in Ewigkeit. Noch einmal zu Wiederholung: Der Christ im Glauben an die Wahrheit der Selbstoffenbarung Gottes in Jesus Christus erfährt im Akt der Kommunion spürbar, dass Gott in uns lebt, dass wir ein Teil von ihm sind und hier unser Heil und Erlösung manifestiert ist.

Für die Christen ist der allmächtige Gott keine Abstraktion für die Beschreibung des höchsten Guts oder Ideal, sondern ein persönlicher allmächtiger liebender Gott mit einem Ich, sprich Bewusstsein. Auf dem Berg Sinai antwortete Gott aus einem brennenden Dornbusch heraus Moses auf die Frage Wer bist Du? mit: „Ich bin der, der ich bin!" Und auch jeder einzelne Mensch verfügt über ein Bewusstsein in Form von Ich. Wenn wir davon sprechen, dass wir nach Gottes Ebenbild geschaffen sind, dann ist es dieses Ich, welches damit gemeint ist.

20 Das Prinzip der Dreifaltigkeit

Zum Verständnis des Christentums muss man die Dreifaltigkeit, die Trinität, Gottes begreifen. Der Gott-Vater, der Sohn, der Gott im Menschen, der Menschen-Gott, und der Heilige Geist. Es ist leichter von drei Personen zu sprechen, die in einer göttlichen Natur vereint sind. Man könnte auch philosophisch von drei Fundamentaldimensionen sprechen. Der Gott-Vater, im trinitarischen Gottesbild als Prinzip der ewigen Vergangenheit, als das, was schon immer war und ist und somit die Ewigkeit des Seins darstellt, der uns in der Gotteswahrnehmung als Übervater fordert, zu dem man bittet und den man verehrt. Der Sohn, als Prinzip des ewigen Werdens, der ewigen Evolution und das innere Gespräch mit dem göttlichen Selbst und der Heilige Geist in der religiös meditativen Versenkung, bei der es zur Verschmelzung von Gott-Vater und Sohn im intuitiven Erkennen und Verstehen kommt. Jesus sagt: „Nur über den Sohn – die Gotteserfahrung in sich selbst - erfährt man den Vater!" Der Christ im Glauben an die Wahrheit der Selbstoffenbarung Gottes in Jesus Christus erfährt, dass Gott in uns lebt, dass wir ein Teil von ihm sind und hier unser Heil und Erlösung manifestiert ist. Jeder Mensch hat diese innere Gotteserfahrung, spürt diesen Christus-Gott in sich selbst. Die Frage ist nur, ob er es als solche Erfahrung wahrnimmt oder noch ganz anders ausgedrückt, ob er diese Erfahrung wahrnehmen will. Die Sensoren hierfür besitzt jeder Mensch.

21 Meine persönlichen Erfahrungen mit der Kirche in meiner Jugend

Um mich inhaltlich zu verstehen ist es erforderlich, etwas über meinen persönlichen Glaubensweg zu erfahren. Am 1. Oktober 1973 trat ich in den Polizeidienst des Landes Hessen ein. Mit Ablauf des Monats Januar 2017 wurde ich nach 43 Dienstjahren altersmäßig in den Ruhestand versetzt. Während dieser Zeit habe ich gefühlt 10 Gottesdienste besucht, einmal bei der Erstkommunion meiner Tochter Jasmin 1990 und ansonsten zu kirchlichen Festtagen wie Ostern oder Weihnachten. Interesse an Religion, Philosophie und der Bibel hatte ich immer, davon kann mein Bücherschrank Zeugnis geben. Gelesen habe ich in dem angeführten Zeitraum über diese Themen sehr viel.

21.1 Ein Blick zurück in Kindheit und Jugend

Doch zunächst ein Blick zurück: In meiner Kindheit und Jugend hatte ich sehr viele positive Erfahrungen im Zusammenhang mit Kirche. Den Kindergarten, welcher ich besuchte, wurde von einer sehr engagierten Ordensschwester geleitet, Schwester Regina. Wir hatten ein Orffsches-Orchester, spielten Theater „Frau Holle" und malten sehr viel. In der 1. Und 2. Klasse der Grundschule begeisterte uns unser Gemeindepfarrer Josef Hartgen mit seiner Art, wie er kindgerecht uns aus der Bibel erzählte: „Daniel in der Löwengrube" Daher kannte ich die Bibel. Ich war gerne Messdiener und in den Sommerferien fuhr ich mit der Kath. Jugend ins Zeltlager.

Der gleiche Gemeindepfarrer, welcher mich so für die Bibel begeisterte, konnte im Umgang mit uns Kindern und Jugendlichen aber auch erhebliche körperliche Gewalt ausüben. Ich erinnere mich an die Rückfahrt von unserem Messdienerausflug nach Trier. Es war schon gegen Abend und im Bus herrschte eine heitere bis ausgelassene Stimmung. Wir hatten für unsere Verhältnisse einen herrlichen Tag verbracht. Wir besuchten das Kloster Maria Laach, hatten den Trierer Dom besichtigt, die Porta Nigra gesehen und ich hatte zum ersten Mal im Leben im Alter von 10 Jahren gemeinsam mit meinen Altersgenossen allein ein Restaurant aufgesucht. Am Spätnachmittag besuchten wir mit unserem Pfarrer seinen ehemaligen Studienkollegen, in dessen riesigen Obstgarten wir uns austoben konnten. So beseelt war die Stimmung auf der Rückfahrt, bis unser Pfarrer im Bus einfach seine Ruhe haben wollte. Er ermahnte uns, aber schon nach kurzer Zeit ging das Theater weiter. Wir dachten uns gar nichts dabei. Wir waren selig. So kam für mich wie aus dem Nichts die Ohrfeige des Pfarrers. Nein, das war keine Ohrfeige, es war ein Schlag mit voller Wucht eines Erwachsenen auf die Wange eines 10jährigen. Das war eine Körperverletzung. Ich weiß nicht, wie lange die Wange gerötet war und wie lange ich geheult habe. Bei unserer Ankunft im Heimatort war für mich die Welt schon wieder in Ordnung. Begeistert schilderte ich meinen Eltern, was für einen großartigen Tag ich erlebt habe. Von dem Schlag auf die Wange erzählte ich nichts. Warum auch. Ich wusste ja, dass ich ungerecht behandelt worden war und dass unserer Gemeindepfarrer zu uns so war. Es war keine Seltenheit, dass er so zuschlug. Und trotzdem fand ich die Zeit als Messdiener sehr schön.

In meiner Beichte zur Erstkommunion habe ich zum ersten Mal gelogen. Ich hatte nicht Böses getan und musste irgendetwas erfinden, was ich dem Pfarrer im Beichtstuhl sagen konnte. "Ich habe genascht und mich mit meiner Schwester gestritten!" Wir waren so arm, dass wie nie etwas zum Naschen zu Hause hatten. Wenn eine Tafel Schokolade im Haus war, so wurde die sogleich gefressen. Wir sollten alle 4 Wochen zur Beichte gehen. Dies erzeugte bei mir einen innerlichen Druck. Ich zögerte das immer heraus und als ich dann nach 6 Wochen wieder zur Beichte ging und erneut gelogen hatte, fühlte ich mich anschließend doch erleichtert. Irgendwann ging ich dann nicht mehr zur Beichte. Ich fürchtete danach über mein Fernbleiben vom Pfarrer befragt zu werden, stellte meine Aktivität als Messdiener ein und ging auch nicht mehr in die Kirche. Ich fühlte mich befreit. Meine Eltern, beide Arbeiter, übten nie irgendeinen Druck auf mich aus. Ich konnte immer machen, was ich wollte. Als ich dann nicht mehr in die Kirche ging, stellte ich fest, dass der Druck weg war und das Leben weiter seinen Lauf nahm. Ein paar Monate später im September 1967 wechselte ich auf die Realschule in Rüdesheim und mein einziger Bezug zur Kirche von da an war der wöchentliche Schulgottesdienst und der Religionsunterricht in der Schule, den ich in guter Erinnerung habe. Da konnte man sich vor allem auch mündlich beteiligen, was so meiner Art entspricht und vor allem, es gab keine Hausaufgaben.

21.2 Rückblende in meinen Heimatort

Wenn ich jetzt zurückdenke, wie meiner Meinung nach die Religion, so wie ich sie in meinem Heimatort Assmannshausen der 60er Jahre erlebte praktiziert wurde, war es eine Mischung aus Tradition und sozialer Kontrolle. Wie fromm und gläubig der einzelne war, kann ich nicht beurteilen. Aber ob die Spiritualität allgemein eine Rolle spielte, bezweifle ich. Und als die Gesellschaft im Zuge der 68er Generation immer kritischere Positionen zur Kirche einnahmen und der gesellschaftliche Druck bezüglich des Kirchgangs wegfiel, gingen die jüngeren Generationen nicht mehr in die Kirche. Plötzlich war es gesellschaftlich angesagt öffentlich kundzutun, dass man nicht mehr an Gott glaubte und mit der Institution Kirche nichts mehr zu tun haben möchte.

Ich hatte anfangs ein schlechtes Gewissen, da ich nicht mehr den sonntäglichen Gottesdienst besuchte. Rückblickend war es für mich 1966 eine geistige Befreiung. Das war dem 11jährigen Jochen damals nicht ansatzweise bewusst. Und diese geistige Freiheit werde ich mir von niemandem mehr nehmen lassen. Ich habe mich ein Leben lang immer ehrenamtlich betätigt. Wäre ich in der katholischen Kirche aktiv gewesen, wäre ich heute vermutlich verbittert und zwischenzeitlich aus der Kirche ausgetreten. Seit 2018 besuche ich nach 52jähriger absoluter Abstinenz wieder regelmäßig den sonntäglichen Gottesdienst. Da ich persönlich nie durch Kirche als Institution verletzt wurde, betreibe ich mein Engagement für Kirche in meinem Heimatort Assmannshausen mit Freude und entspannter Gelassenheit. Meine selbstgewählte Distanz zur Kirche als Institution verleiht mir Stärke und Unabhängigkeit.

Ich hätte mir in meiner Jugend jemanden gewünscht der mich an die Hand genommen hätte und im Glauben bezüglich Spiritualität gesagt hätte, „da geht's lang!"

22 Auszeit zweier Polizeibeamte im Kloster auf Zeit

Vom 1. Oktober 1973 bis zum Eintritt in den Ruhestand im Januar 2017 war ich als Polizeibeamter des Landes Hessen tätig. Zuletzt in einem Kommissariat zur Bekämpfung der Organisierten Kriminalität (OK) tätig.

Und jetzt kommt unser Kollege Gustl ins Spiel, welcher von seiner Ehefrau als „Geschenk" eine Woche Kloster auf Zeit im Benediktinerkloster Münsterschwarzach erhielt. Als er zurückkam, erzählte er meinem Freund und Kollegen Jürgen von der Sache. Jürgen kam anschließend sofort mit der Bemerkung in mein Büro: „Ich hab' uns angemeldet!" Jürgen und ich kennen uns dienstlich seit 1979 und ich antwortete: „Ja, in Ordnung, um was geht's?" Dann erzählte er mir begeistert von Gustl und dessen Erfahrung im Kloster auf Zeit in Münsterschwarzach.

Unsere Fragestellung lautete: Können zwei abgewichste, mit allen Wassern gewaschene Polizeibeamte spirituelle Erfahrungen machen. Als Polizeibeamte, angefangen als Streifenpolizisten bis zu Ermittlern bei der Kriminalpolizei, waren wir dienstlich immer vorne mit dabei. Wir haben dienstlich definitiv alles erlebt. Wir haben so viele Unfalltote und Leichensachen dienstlich erlebt, dass wir uns gar nicht mehr an alle Geschehnisse erinnern können. Meist sind es die ersten Toten der Anfangsjahre, welche noch in Erinnerung sind. Mein erster „Unfalltoter" war ein 19jähriger Sportkamerad aus meinem Karateverein hier in Rüdesheim. Der war so blutverschmiert, dass ich ihn zunächst gar nicht erkannt habe.

Zurück zu meinem Kollegen Jürgen:
Jürgen hatte im Dienst auch geschossen. Jürgen war allein im Zivilfahrzeug auf Ermittlungstour, als gegen 11.00 Uhr ein Alarm von einem Juweliergeschäft in der Einsatzzentrale auflief. So etwas ist Alltag. Oftmals kommt eine Person aus Unachtsamkeit gegen den Alarmknopf und löst diesen aus oder die Wartung der Alarmanlage wurde nicht angemeldet und der Mechaniker löst einen Probealarm aus. Als Jürgen das Juweliergeschäft betrat stand hinter der Verkaufstheke der Täter mit gezogener auf Jürgen gerichtete Pistole und drückte ab. Die Waffe hatte jedoch Ladehemmung und Jürgen zog nun seine Pistole und schoss auf den Täter. Dieser viel sofort um. Später stellte sich heraus, dass das Projektil den Täter am Kopf nur gestreift hatte. Es war nur eine feine Verletzung der Haut feststellbar. Vermutlich war diese Verletzung durch die Druckwelle des Projektils beim Vorbeifliegen verursacht worden. Der Täter wurde festgenommen, zwei weitere Täter konnten fliehen. Alle drei Täter konnten später der italienischen Mafia zugeordnet werden und sind zwischenzeitlich in Ausübung ihrer Machenschaften getötet worden. Später, bei der Gerichtsverhandlung, fragte der Vorsitzende Richter Jürgen, ob die Möglichkeit bestanden hätte, den Schusswaffengebrauch vorher anzudrohen und in welcher Sprache er dies getan hätte! Jürgen antwortete sinngemäß, dass es so etwas nur im Film bei High Noon mit Garry Cooper gäbe. Danach stellte der Richter keine Fragen mehr. Nach der Verhandlung entschuldigte sich der Richter bei meinem Kollegen. Es müssten halt alle Fragen abgeklärt werden und u. a. auch, ob der Schusswaffengebrauch angedroht worden ist oder nicht."

: Im Laufe meiner Dienstzeit habe ich auch immer wieder Kollegen erlebt, welche ich kannte, die sich mit ihrer Dienstwaffe erschossen haben. Was ich damit sagen will, dass man gerade im Polizeiberuf erschütternde Dinge erlebt und sieht, mit denen der Durchschnittsbürger nie konfrontiert wird und sich auch gar nicht vorstellen kann. Und das ist auch gut so.

23 Kloster auf Zeit

Mit der Teilnahme Kloster auf Zeit in Münsterschwarzach wird Interessierten, welche sich mit dem Gedanken tragen in einen Orden einzutreten die Möglichkeit gegeben, eine Woche am Leben der Mönche teilzunehmen. Im Gebet, bei der Arbeit und natürlich auch im Gespräch. Diesen Teilnehmern wird auch das Privileg gewährt, gemeinsam mit den Mönchen im Refektorium die Speisen schweigend einzunehmen. Nur bei besonderen Anlässen wird das Schweigegebot aufgehoben. Zum Beispiel wenn einer der Mitbrüder Geburtstag hat usw. Dann gibt es auch einen Krug Bier zum Essen. Ansonsten liest von einer im Barockstil erbauten Kanzel ein Mönch aus einer Tageszeitung, einem Buch oder aus einem Brief an die Gemeinschaft vor.

23.1 Unsere Gruppe im Kloster auf Zeit

Einmal im Jahr ist die Teilnahme an Kloster auf Zeit für Laien möglich, welche sich nicht mit dem Gedanken tragen, in ein Kloster einzutreten. Begleitet wurde unsere Gruppe von Deokar Engelhardt und einem jüngeren Ordensbruder. Unsere Gruppe bestand aus ca. 25 Teilnehmern im Alter von 20 bis 75 Jahren. Die ältesten Teilnehmer waren ein pensionierter Lehrer und ein deutschstämmiger Rinderzüchter aus Südamerika. Des Weiteren war ein angehender evangelischer Pfarrer, „der mal sehen wollte, was die Konkurrenz so alles macht", angehende Pastoralreferenten und auch ein junger Deutschtürke, der sagte, „ich bin als Moslem erzogen worden und jetzt will ich mal sehen, was es mit der Religion meiner Mutter auf sich hat!" Zeit zum untereinander reden hatte die Gruppe nur am Nachmittag beim Kaffeetrinken. Am interessantesten fand ich die Erzählungen des „Rinderzüchters". Er gab an, dass er sich jetzt in den Ruhestand begeben hätte. Wörtlich sagte er: „Meine Nachbarn sind alles deutschsprachige Mennoniten. Auf die kann man sich verlassen. Die haben die besten Krankenhäuser. Wenn ich jetzt zurückkehre, will ich mit denen mehr Kontakt haben. Deshalb will ich wissen, was es mit dem christlichen Glauben so auf sich hat!" Überhaupt war es unglaublich interessant, was die Teilnehmer alles so von sich erzählten. Jürgen und ich haben uns bewusst zurückgehalten und nix über unseren Beruf erzählt. Wir waren jedoch gute Zuhörer.

23.2 Spiritualität

Spiritualität im Glauben heißt für mich, kann ich die Gegenwart Gottes spüren. Intuitives Erkennen und Verstehen, ohne es in Worte fassen zu können. Wenn man früh morgens in der Messe, gemeinsam mit ca. 80 Ordensbrüdern und den 25 Personen unserer Gruppe gemeinsam das Vaterunser singend betend, die Arme geöffnet, zum Fließen des göttlichen Spiritus, dann spürt man diesen Heiligen Geist – wer dies zulässt. Und dies ist der Schlüssel zum Glauben und zur Spiritualität. Man muss es zulassen. Man kann niemanden von etwas überzeugen, der es nicht will.

Die Klöster, und damit die Ordensfrauen und Ordensmänner, erfüllen bezüglich des Fortbestandes der Spiritualität schon jetzt eine sehr wichtige Rolle mit zunehmender Tendenz. Immer mehr Menschen unserer Gesellschaft nehmen die Angebote der Klöster wahr und suchen auch dauerhaft die Nähe zu den Ordensgemeinschaften. Im Alltag der Kirchengemeinden ist immer weniger Raum für geistige Auseinandersetzung mit dem christlichen Glauben. Es fehlt den dort Tätigen nicht an Willen, sondern an Zeit.

23.4 Resümee Kloster auf Zeit

Für mich stellt das Kloster u.a. ein Kondensator dar mit der Fähigkeit, die spirituellen Belange einer Gesellschaft zu bündeln und zu speichern, ohne dass dies der umgebenden Gesellschaft bewusst ist. Es wird praktisch spirituelle Energie gebündelt und gespeichert, ohne die keine Gesellschaft letztendlich überleben kann. Eine Gesellschaft, welche ihre religiöse Spiritualität verliert, ist mausetot. Die Ordensschwestern und Mönche mit ihren Gebeten und Gesänge schließen die Gesellschaft außerhalb des Klosters durch ihre Spiritualität in das Geschehen mit ein in und verleihen der Gesellschaft so Energie, sprich Leben (Kraft).

24 Meine persönlichen Gedanken zum Synodalen Weg

Anmerkung: Die unter Ziffer 24 folgende behandelnden Themen hatte ich im Zusammenhang mit meinen Überlegungen zum Synodalen Weg verfasst. Beim Redigieren stellte ich fest, dass hier einige inhaltliche Wiederholungen vorliegen, welche an anderer Stelle des Buches ebenfalls behandelt wurden. Der Authenzität der Gedankengänge wegen habe ich mich entschlossen es so zu belassen, wie ich es verfasst habe.

Nach dem ich über die Medien vernommen hatte, dass die Deutsche Bischofskonferenz über eine Wegstrecke von 2 Jahren den Synodalen Weg beschreiten möchte, um den Missbrauchskandal innerhalb der Kirche und die notwendigen Konsequenzen daraus zu erarbeiten, bzw. sich generell zu Fragen der Kirche neu zu positionieren, hatte ich zunächst zwei Gedanken: Die wollen den Missbrauchsskandal aussitzen und was ist ein Synodaler Weg. Ich persönlich würde mich als sehr belesen einordnen, aber was ein Synodaler Weg ist, wusste ich nicht. Erst als ich im Duden nachgesehen hatte, fand ich eine Erklärung: Kirchenversammlung! So wie mir, wird es wohl auch vielen anderen gegangen sein. Was ich eigentlich sagen wollte: War es klug, so einen für die Mehrheit unverständlichen Begriff zu wählen. Da ist sie wieder, die abgehobene, von den Menschen fern gehaltene Amtskirche, werden nicht wenige Interessierte in unserem Land gedacht haben.

24.1 Synodaler Weg

Welche Erwartungen hat wohl die breite Öffentlichkeit als Ergebnis des Synodalen Weges. Meine persönliche Einschätzung, dass das Interesse mehr auf augenblickliche Neugierde beschränkt ist. Werden Frauen für das Priesteramt zugelassen, wie geht Kirche mit gleichgeschlechtlichen Partnerschaften um und dürfen Geschiedene am Sakrament der Hl. Kommunion teilnehmen. Kirche als Institution, Religion in Form von Glauben, haben im Alltag der Mehrheit der Bevölkerung keine Bedeutung mehr. Die Kirche gibt Antworten auf Fragen, welche die Menschen schon lange nicht mehr stellen. In

Punkto Sexualmoral, Ehe, Partnerschaft und Ehescheidung interessiert die Mehrheit der Menschen nicht mehr die Kirchenmeinung; dies gilt auch für die Mehrheit der getauften Christen. Nur, ob Frauen für das Priesteramt zugelassen werden usw. können nur vom Vatikan bzw. von einem Konzil entschieden werden. Das heißt, für die brennenden Fragen ist nicht der Synodale Weg zuständig, sondern der Vatikan. Die Orthodoxie ist zwar innerhalb der Kirche gescheitert, ihre Vertreter im Vatikan sind aber nach wie vor in Amt und Würden.

„Wer die Macht annimmt, um der Macht willen, der dient einem Götzen. Und wer einem Götzen dient, der ist ein Atheist. Nicht wenige Theisten wissen gar nicht, dass sie letztendlich Atheisten sind und nicht wenige vermeintliche Atheisten wissen nicht, dass sie eigentlich Theisten sind. Denn Gott zeigt sich jedem Menschen."

So wird das Ergebnis des Synodalen Weges mehr auf schöne Worte und Aussagen beschränkt sein, welche aber in der Praxis keine großen Veränderungen mit sich bringen wird. Die Betonung wird vor allem darauf liegen, wie wichtig Frauen innerhalb der Kirche sind, was sie alles schon geleistet haben und leisten, dass Frauen zukünftig, wo immer es möglich ist, mehr Verantwortung übernehmen und auch Führungspositionen besetzen sollen. Schön, aber eine grundsätzliche Veränderung bedeutet dies nicht und die Menschen in Deutschland wissen das.

Meine persönliche Ansicht zum Thema Frauen ist klar: Ich bin für Frauen in Führungspositionen innerhalb der Institution Kirche und man sollte ihnen auch das Priesteramt zugänglich machen.

Für mich stellt sich eher die Frage, wie wichtig ist die Kirche in Deutschland für die Weltkirche oder den Vatikan selbst. Die Mitgliederzahlen der katholischen Weltkirche steigen permanent wegen dem Elend in der Welt, da spielen die Probleme der Katholischen Kirche in Deutschland gar keine Rolle. Kardinäle aus Afrika, Lateinamerika und Asien werden daher die Situation in Deutschland aus ihrem

Blickwinkel beurteilen: Existentielle Not der Menschen in diesen Erdteilen, echtes Elend und dauerhafte Ungerechtigkeiten im alltäglichen Leben dort, lassen aus dieser Perspektive die Geschehnisse und Diskussionen in Deutschland als Problemchen erscheinen. Daher ist die entscheidendste Frage, wie wichtig ist die Katholische Kirche Deutschlands in finanzieller Hinsicht für die Weltkirche, sprich Vatikan. Wie viel Geld fließt aus Deutschland zur Finanzierung der Weltkirche nach Rom. Sollten die aus Deutschland fließenden finanziellen Mittel für die Weltkirche keine substanzielle Bedeutung haben, dann wird der Vatikan nicht auf die deutsche Bischofskonferenz eingehen und die Katholische Kirche in Deutschland als Institution wird sich innerhalb der kommenden 2 Jahrzehnte hoffentlich nicht lautlos auflösen und aus dem Blickfeld der Öffentlichkeit verschwinden.

Der Bischofskonferenz und auch dem Synodalen Weg bleibt letztendlich nichts anderes übrig, als sich nach Rom zu richten. So sind die hierarchischen Strukturen innerhalb der Kirche. Aber was ist denn die zentrale Frage, welche die Kirche in Deutschland in die Lage gebracht hat, in der sie sich heute befindet. Es ist m. E. eindeutig eine Glaubensfrage. Jede Epoche erfordert ihre dem jeweiligen Bildungs- und Sozialisierungsniveau entsprechende inhaltliche sprachliche Darlegung des Glaubens, der insbesondere auch die politische, geistige und kulturelle Elite anspricht. Der liebe Gott ist nicht der Mann mit dem langen weißen Bart. Der Glaube muss nicht neu erfunden werden, jedoch zeitgemäß intellektuell vermittelt werden.

Die geistige Elite der Kirche und die Kirchenoberen in Rom sind von ihrem Denken her noch im 19. und 20. Jahrhundert sozialisiert. In Europa haben viele der Kirchenmänner noch die die Schrecken des 2. Weltkrieges vor Augen und vor allem den Zulauf im Gottesdienst als dessen Folge bis in die 60er Jahre hinein. Die Kirche mit ihrer autoritären hierarchischen Struktur konnte aus dem Vollen schöpfen und ernten heute, was die damals Verantwortlichen gesät haben: Autoritäres Gebaren, Vertuschen beim „Sexuellen Missbrauch von Kindern, Jugendlichen und jungen Erwachsenen" bei gleichzeitiger Darstellung als ethische und moralische Instanz verbunden mit sauertöpfischer Verkündigung der frohen Botschaft. Folgende Frage würde ich an die

Teilnehmer des Synodalen Weges richten: Wenn ich den Satz „In der Nachfolge von Jesus Christus ..." höre, dann fällt mir immer der Begriff Mut ein. Jesus Christus war mutig. Ein Störenfried und Unruhestifter für die Herrschenden. Seid Ihr mutig? Jeder soll die Frage für sich selbst beantworten!

24.2. Die Kirche befindet sich seit 2000 Jahren in der Krise

Die Kirche befindet sich seit 2000 Jahren in der Krise und ich hoffe, dass wir uns auch in den nächsten 2000 Jahren noch in der Krise befinden, denn dann hat Kirche fortbestanden. Es geht nicht darum, fürchterliche Taten wie den sexuellen Missbrauch zu relativieren oder klein zu reden, sondern zu erkennen, dass die gegenwärtigen inhaltlichen Diskussionen und Auseinandersetzungen auch aus der Position der Reife zu beurteilen sind. Für vieles, welches man heute frei aussprechen kann, wäre man früher auf den Scheiterhaufen geworfen worden. Es ist wie mit jahrzehntelanger ehrenamtlicher Arbeit im Verein: Sehr oft der Verzweiflung nahe, die Sinnfrage stellend und gewillt, alles sofort hinzuwerfen. Aber rückblickend stellt man fest, dass der Verein weiterhin besteht, sich sogar im Vergleich zu früher entwickelt und man doch achtbares und sinnvolles erreicht hat. Der Rückblick auf die Dinge ist es. Und da zu uns Christen auch der Aspekt der Hoffnung gehört, sollten wir uns bei aller berechtigten Besorgtheit auch von der Hoffnung leiten lassen, denn wir sind immer in Gottes Hand.

24.3. Das Problem der Kirche in Europa ist die Glaubensfrage

Ich sage immer süffisant: „Gott ist nicht der Mann mit dem langen weißen Bart!" Das heißt, ich habe die feste Überzeugung, und da schließe ich mich teilweise mit ein, dass eine große Mehrheit der Christen in Europa gar nicht weiß, um was es bei ihrem Glauben eigentlich geht. Was steckt hinter der Aussage der Trinität Gottes, um was handelt es sich bei dem Begriff der Erbsünde und wie soll die Personalität Jesus in seiner Eigenschaft als Mensch und Sohn Gottes in seiner Natur verstanden werden. Die wesentlichen Aspekte des

Christusglaubens der Kirche müssen wieder mehr in den Vordergrund gerückt werden.

Jede Epoche hat für die Menschen in der jeweiligen Zeit eine für sie verständliche und nachvollziehbare Darlegung des Glaubensinhalts. Der Glaubensinhalt und das Glaubensgeheimnis – Spiritualität – muss mit sprachlichen und gedanklichen Mitteln der menschlichen Vernunft zeitgemäß verständlich dargestellt werden, ohne es inhaltlich zu verändern und einer Beliebigkeit preiszugeben, so dass sich die Menschen in unserer Gesellschaft wieder neu entscheiden können.

Der Mensch ist unzulänglich, auf ihn ist kein Verlass, deshalb bedarf er der Gnade, und diese Erkenntnis beinhaltet der christliche Glaube. Im Christentum geht es um die Selbstverantwortlichkeit des Menschen. Gleichzeitig weiß der Christ um seine Unzulänglichkeit und seiner Geborgenheit im Glauben. Gotteserkenntnis ist eine Frage der Vernunft und der Verstandesnotwendigkeit. Der Mensch in Erkenntnis seiner beschränkten geistigen Fähigkeiten findet im Glauben an ein göttliches Sein Geborgenheit und Gewissheit, dass alles Geschehen und letztendlich das Sein einen Sinn ergibt, ohne es verstehen zu müssen.

Es darf die Frage gestellt werden, warum Christen, welche sind, es bleiben und der Kirche als Institution die Treue halten. Es ist die Aussicht auf die geistige Ausrichtung eines Christen und seine erlebte und gelebte Spiritualität. Nur weiß, dass die Mehrheitsgesellschaft nicht. Und nicht wenige Christen wissen es auch nicht mehr. Wir müssen den Menschen nur erneut vermitteln, worum es im Glauben und dem Christentum eigentlich geht. Die geistige Ausrichtung ist die Lebensweise des Seins im Vertrauen auf Gott und nicht die in der Haltung des Habens und Tanz ums Goldene Kalb (Orientierungsrahmen hier ist der Wohlstand und die Ersatzreligionen).

Der Christ ist ein Seinstypus und nicht ein Habentypus, so dass seine Bereitschaft an Häufigkeit und Intensität zu geben, zu teilen und auch zu opfern stärker ausgeprägt ist, was zu den Ur-Kräften der Spezies Mensch gehörte, um in den Anfängen der Menschheitsgeschichte das Überleben zu ermöglichen. Aber was ist ein Seins Typus bzw. ein Haben Typus. Worin unterscheiden sich die beiden Wesenstypen des Menschen. Mehrheitlich sind wir Mischtypen. Nur sehr selten gibt es reine Seins- oder Habentypen. Wichtig für uns alle ist die Bewusstmachung der Unterschiede der beiden Wesenstypen:

Sein: **Ich brauche dich, weil ich dich liebe!**
Haben: **Ich liebe dich, weil ich die brauche!**

Der Christ bekennt sich bewusst zu seiner Unzulänglichkeit als Mensch bei gleichzeitiger Erkenntnis der Notwendigkeit, sich stets um rechtes Handeln zu bemühen (Anmerkung: Die kath. Kirche macht immer noch den Fehler, das Phänomen der Unzulänglichkeit mit dem Wort Sünde zu beschreiben!). Hieraus ergibt sich die Grundhaltung, sich selbst als Person nicht so wichtig zu nehmen, getragen von der Nächstenliebe, wie sie die Christen verstehen, oder besser gesagt, verstehen sollten: Ich brauche dich, weil ich dich liebe. Dies ist die christliche Grundhaltung im Sein. „Ich liebe dich, weil ich dich brauche!" ist die Grundhaltung des Habens in der materialistischen atheistischen Sichtweise. „Wenn ich dich nicht mehr brauche, kann ich dich austauschen. Das ist meine Art der Liebe. Der Erfolg gibt mir recht!"

Der christliche Glaube bewirkt durch die spirituelle Erfahrung des Seins – auf Gottvertrauen – eine Freiheit, wodurch die positiven Kräfte in uns wachsen und gedeihen. In dieser Existenzweise des Seins innerhalb unserer Gesellschaft zu leben ist eine echte Alternative zum Orientierungsrahmen des Wohlstands, der eigenen Bauchnabelschau und der freiwilligen Selbtverblödung durch das Mobiltelefon.

24.4. Spirituelle Erfahrung und Ausrichtung

Über die Dogmatik, die wissenschaftliche Darstellung der christlichen Glaubenslehre, ist mit der Aufklärung und der Säkularisierung die aktive gegenwärtige spirituelle Erfahrung im Glauben als Erlebnis und Gewissheit verloren gegangen. Die Gesellschaft glaubte plötzlich, dass nur Real ist, was auch nach wissenschaftlichen Maßstab in Form eines Beweises bestand hat. Mit diesem Denken kann man eine Dampfmaschine erfinden, jedoch nicht zu einem vom Glauben beseelten und durchdrungenen Menschen werden. Wenn dogmatischer Glaube und aktives spirituelles Erlebnis zusammen gehören, dann frage ich mich, wie viele Kardinäle, Bischöfe und Priester noch nie wirklich geglaubt oder ihren Glauben verloren und dies noch nicht einmal bemerkt haben. Für mich persönlich gehört Dogmatik und Spiritualität zusammen.

Spiritualität im Glauben heißt für mich, kann ich die Gegenwart Gottes spüren. Intuitives Erkennen und Verstehen, ohne es in Worte fassen zu können. Durch die Dogmatik weiß ich, was es bedeutet, als Mensch nach dem Ebenbild Gottes geschaffen zu sein.

Wenn man früh morgens in der Messe, gemeinsam mit ca. 80 Ordensbrüdern und 25 Teilnehmern Kloster auf Zeit gemeinsam das Vaterunser singend betend, die Arme geöffnet zum Fließen des göttlichen Spiritus in uns, dann spürt man diesen Heiligen Geist – wer dies zulässt. Und dies ist der Schlüssel zum Glauben und zur Spiritualität. Man muss es zulassen.

Die wissenschaftliche Diskursregel zur Forschung ist für die Fragen des Glaubens bzw. der Religion ungeeignet, da hier immer der Versuch und der Beweis erforderlich sind. Aber auch die wissenschaftlichen Erkenntnisse sind immer begrenzt und können ohne kritische Reflektion in Irrtum und Unwahrheit führen. So wie Wissenschaft die Wahrheit des christlichen Menschenbildes nicht beweisen kann, da es sich um eine Glaubenswahrheit handelt, so kann man soziologisch beweisen, dass eine Gesellschaft ohne Glauben ihr Fundament aushöhlt und letztendlich verliert. Wie sollen wir uns entscheiden?

Glauben heißt im wissenschaftlichen Sinn ich weiß es nicht, bin aber der festen Überzeugung, dass es so ist. Das heißt, die Wahrscheinlichkeit, dass Gott existiert, liegt bei 50 %. Kann sein, kann nicht sein! Für den Atheisten ist die Sache von Anfang an verloren. Er hat sich gleich für das Nichtsein entschieden. Sehr hart ausgedrückt: Für das Nichts; für die Finsternis! Bestenfalls liegt für den Atheisten der Sinn des Lebens darin, den er sich selbst auferlegt. Der Christ sieht die Sache durch seinen Glauben und damit für sein Leben positiv. Mit der Erschaffung der Welt und allen Seins durch einen allmächtigen und liebenden Gott hat alles seinen Sinn, auch wenn der Mensch mit seinem beschränkten Geist nicht in der Lage ist, es zu verstehen. Für den Christen ist die Welt ein Mysterium, sein Glaube gibt ihm die erforderliche Sicherheit. Im Gottesdienst hören wir deshalb immer wieder: „Geheimnis des Glaubens!"

Für die Christen wurde die Welt und alles Sein von einem allmächtigen und liebenden Gott aus dem Nichts erschaffen. Für den Atheisten ist es ewiges Werden und Vergehen oder einfach Zufall, dass die Materie sich aus dem Nichts entwickelt hat oder schon immer war. Dies würde bedeuten, dass sich der Geist, das Bewusstsein in Form von Ich, ich bin, erst im Lauf der Evolution herausgebildet hätte. Geneigter Leser: Stellen sie sich stellvertretend für die Materie einen Haufen Sand vor oder einen Spiritus Rector (belebender Geist), aus dem durch den göttlichen Willen der Geist in die Welt gesandt und letztendlich die Welt erst erschaffen wurde. Der Atheist hat sich für den Haufen Sand entschieden, aus dem der menschliche Geist entstanden ist in der Hoffnung, dass sein Leben ein für ihn günstigen Verlauf nimmt. Wenn aber sein Leben einen tragischen Verlauf nimmt, dann ist der Atheist hoffnungslos.

Der Christ baut auf Liebe, Glaube, Hoffnung und dass alles, was geschieht, letztendlich durch Gott seinen Sinn hat. Der Christ weiß, dass die Menschen nie auch nur ansatzweise die Fähigkeiten besitzen werden, die Gesamtzusammenhänge des Seins rational zu erklären und zu verstehen. Der Christ ist in seinem Tun von Liebe beseelt und durch die spirituelle Gotteserfahrung gestärkt. Der Christ weiß sich in seiner Spiritualität aufgehoben. Da es für den Christ einen liebenden

Spiritus Rector gibt weiß er, dass er in dessen Geist aufgehoben ist. Der Christ kann sich in aller Not und Elend fallen lassen, da es durch seinen Schöpfergott einen Sinn ergibt, auch wenn er diesen Sinn nicht zu erkennen mag und versteht; der Atheist fühlt sich als Verlierer. Der Christ fühlt in sich eine innere Ruhe und Geborgenheit!

24.5. Sexualität

Die Hauptursache des sexuellen Missbrauchs innerhalb der Kirchen ist die unterdrückte Auslebung der Sexualität. Die Intensivität nach sexuellem Verlangen kann in einer Skala von 0 % bis 100 % beschrieben werden. Wer sich jedoch für die Ausübung der Sexualität entscheidet, dem sollte man sie auch gestatten, sofern sie außerhalb von strafrechtlichen Belangen stattfindet.

Die Ausübung der Sexualität der Menschen als reiner Akt ist animalisch. Wenn sich Mann und Frau bei ihrer Sexualität auch mit ihrem Du begegnen, dann verschmelzen zwei Seelen im Augenblick, verbunden mit Liebe und Zuneigung. Oder, Sexualität zwischen Mann und Frau kann auch als reine Entspannung praktiziert werden. In der allgemeinen Praxis der Sexualität verschwimmt dies alles miteinander. Im Idealfall entwickelt sich aus der romantisch erotischen Liebe eine reife Liebe fürs Leben. Die romantische Liebe endet, wenn wir erkennen, dass der andere auch nur ein Mensch wie jeder andere ist. Im romantischen Gefühl der Liebe verklären wir zunächst den anderen und sind enttäuscht, wenn das romantische Gefühl der Verliebtheit ein jähes Ende findet. Nicht wenige Unwissende glauben jetzt, dass sie den anderen nicht mehr lieben und trennen sich. Ich behaupte, dass mehr als die Hälfte der Ehescheidungen sogenannte Luxusscheidungen sind. Mit ihrem nächsten Partner kommen sie genau dorthin, wo sie mit ihrem vorherigen Partner auch waren. Erfahrene Liebende wissen: Glück und eine gewisse Resignation liegen in einer gelungenen Partnerschaft nah beieinander.

Wir Menschen sind soziale Wesen. Es entspricht unserer Natur, auch mal in den Arm genommen und gedrückt zu werden: Körperliche Zuwendung. Das ist nix sündhaftes. Ich mag dich oder auch, ich liebe dich. Wenn die Umarmung nicht formell ausgeführt wird, dann spüren wir nicht nur den Körper des anderen, sondern auch die zu uns strömende Zuneigung des anderen. In der Umarmung geben und nehmen. Iss doch prima!

Wer jedoch nie erfahren hat in den Arm genommen zu werden, wer als Kind oder junger Mensch nie von seinen Eltern oder anderen Mitmenschen mal geherzt wurde, dem stellen sich unter Umständen als Erwachsener alle Nackenhaare, wenn er in den Arm genommen und gedrückt wird oder es selbst tun soll. Der mag körperliche Nähe wie der Suppenkasper seine Suppe: „Nein, körperliche Nähe mag ich nicht!" Ich habe die feste Überzeugung, dass Jesus die Menschen in den Arm genommen und gedrückt hat.

24.6 Homosexualität
Nach meinem Wissensstand fällt die Entscheidung zur geschlechtlichen Veranlagung im Mutterleib. Da wir alle von Gott geschaffen sind, sollten sich kein Mensch und erst recht nicht eine Institution in die Angelegenheiten unseres Schöpfers einmischen.

Was würde ich einem jungen Menschen antworten, der sich bei mir wegen seiner Homosexualität Rat sucht: Sei so glücklich mit deiner Homosexualität wie du bist. Gott hat uns so geschaffen, wie wir sind. Habe wegen deiner Homosexualität keine Schuldgefühle. Sei Gott dankbar, dass er dich so geschaffen hat wie du bist. Habe nie den Wunsch anders zu sein, nur weil es die Gesellschaft oder Institutionen so wollen und du von den Benachteiligungen betroffen bist. Die anderen irren sich, nicht Du!

Zum Glück ist die Mehrheit der Menschen in Westeuropa aufgeschlossen, so dass es heute wesentlich leichter ist, als gleichgeschlechtliches Paar zusammen zu leben. Hier hat sich innerhalb unserer Gesellschaft zum Positiven in den vergangenen Jahrzehnten einiges getan. Suche dir einen zu dir passenden Partner, adoptiert Kinder, gründet also eine Familie und werdet glücklich. Und bleibt euch treu!

24.7. Sexueller Missbrauch

Erst seit der öffentlichen Diskussion um den Missbrauchskandal innerhalb der Katholischen Kirche wurde der Begriff des sexuellen Missbrauchs von Minderjährigen und Schutzbefohlenen in der Öffentlichkeit durch die Medien thematisiert. Nach wie vor halte ich es für notwendig, dass man jede Gelegenheit wahrnehmen soll, damit die gesellschaftliche Sensibilisierung für dieses Thema erhalten bleibt, ausgebaut und nicht im Alltag der täglichen Berichterstattung durch die Medien untergeht. Vom Terminus spreche ich nicht von Opfern, sondern von Betroffenen. Der Begriff Opfer beinhaltet für mich ein Zuviel des lebenslangen Mitleids und des bedauert werden. Ich möchte, dass Menschen mit traumatischen Erlebnissen des sexuellen Missbrauchs da heraus geholt werden, um ein normales glücklich Leben zu führen. Hierzu gehört die psychologische Verarbeitung mit dem Ziel, einen Weg in die Normalität der Beziehungswelt zu finden.

Aber wer weiß denn wirklich was das ist, wie das abläuft und welche bleibenden Auswirkungen das für die Betroffenen mit sich bringt. Im Zusammenhang mit sexuellem Missbrauch denken wir zuerst an den bösen Onkel auf dem Campingplatz oder an die Geschehnisse innerhalb der kirchlichen Institutionen. Mit großer Mehrheit findet der sexuelle Missbrauch im familiären Umfeld und Bekanntenkreis statt. Alle Betroffenen senden hilfesuchend Signale aus, welche von den nahen Angehörigen oftmals bewusst ignoriert werden. Ein genaue statistische Erhebung der Taten ist nicht möglich, da das Dunkelfeld mit sehr großer Wahrscheinlichkeit höher als die der strafrechtlich erfassten Fälle ist.

Ich möchte den sexuellen Missbrauch anhand eines Beispiels innerhalb einer Familie mit Kindern schildern. Der hier dargestellte Ablauf ist frei erfunden und aus Erzählungen von Betroffen im frei zugänglichen Internet mosaikartig zu einer neuen Geschichte zusammengefügt. Die Art des gewählten Schreibstils soll das Geschehene authentischer darstellbar und vom Ablauf realistischer machen:

„Kinder haben ein Ur-Vertrauen zu ihren Eltern. Alle Kinder geben ihren Eltern einen Vertrauensvorschuss, dass diese so sind, wie liebende Eltern zu ihren Kindern sein sollten. Nehmen wir eine Familie mit zwei Töchtern, welche in geordneten Verhältnissen leben. Der Vater Angestellter in mittlerer Position bei einem großen Versicherungsunternehmen; als die Kinder etwas größer sind, geht die Mutter wieder halbtags ihrer beruflichen Tätigkeit nach, damit der Kredit für die erworbene Eigentumswohnung schneller getilgt werden kann. Die Familie beteiligt sich am kulturellen Leben ihres Wohnorts, betreibt Sport im Verein und hat einen festen Freundeskreis: heile Welt!

Die beiden Mädchen haben einen Altersunterschied von 3 Jahren. Samstags wird regelmäßig nacheinander mit Papi gebadet. Die ersten Jahre geschieht zunächst garnix. Irgendwann kommt Papi beim Baden mit seinen Töchtern der Gedanke, dass aus diesen auch einmal begehrenswerte Frauen werden. Er nutzt die Situation beim Baden aus, sich die Geschlechtsteile seiner Töchter zu besehen und im nächsten Schritt zu befühlen und auch zu streicheln. Hierbei stellt er fest, dass die Mädchen dies als angenehm empfinden, ja mit der Zeit sogar sexuell erregt sind und das Zusammensein mit Papi genießen (Hieraus erwachsen später die Schuldgefühle; man fühlt sich als Mittäter, also schuldig!).

In ihrer kindlichen Naivität empfinden sie zunächst, dass das, was ihr geliebter Papi da tut, der im Alltag der liebende Papi ist und sie verwöhnt, schon irgendwie in Ordnung ist. Auch wenn sie das eigentlich mit Papi nicht wollen, sie können die Situation gar nicht einordnen. Auf Papa und Mama soll man hören und vor allem vertrauen. Die Fähigkeit anderen Menschen zu vertrauen wird zerstört. So nimmt das Unheil seinen Lauf. Ab einem bestimmten Alter kommt es zum Geschlechtsverkehr mit der ältesten Tochter und später auch mit der jüngeren Tochter. Es entsteht eine permanente eskalierende Situation innerhalb der Familie. Mit seiner Autorität innerhalb der Familie und der Suggestion von Schuldgefühlen auf seine beiden

Kinder, ihr seid schuld, dass ich so zu euch bin und habt mich gereizt, nimmt der Missbrauch seinen Fortgang. Die Mutter weiß längst über den Missbrauch Bescheid. Kinder wenden sich immer hilfesuchend an Erwachsene. Aber die Mutter hat ihre Töchter abgewiesen mit „Was ihr euch alles einbildet!" oder „Wenn das die Leute wissen oder wollt ihr, dass Papi wegen euch ins Gefängnis muss!", wohl wissend, was geschehen ist.

In späteren Jahren ist der Hass gegen die Mutter oftmals größer als gegen den Vater als Peiniger. Innerhalb der Familie wird der Missbrauch später so behandelt, als ob er gar nicht stattgefunden hätte. Aber die bedrückende Atmosphäre im alltäglichen Umgang miteinander hängt wie ein Damoklesschwert über der Familie.

Die Frauen haben nie eine Bestätigung gefunden, dass ihnen furchtbares widerfahren und ein Unrecht zugefügt worden ist. Im Gegenteil, ihnen wird die Schuld am sexuellen Missbrauch zugewiesen, damit sie schweigen. Nie können sie sich einem anderen Menschen mitteilen, der ihnen aufmerksam zuhört und einmal sagt: Du hast keine Schuld! Also der erwachsene Straftäter weißt Kindern die Schuld für seine Taten zu. Das permanente Schuldgefühl, sich immer irgendwie schuldig zu fühlen, wird zum Lebensgefühl der Betroffenen. In ihrer seelischen Ausrichtung sind die beiden Mädchen zerstört worden. Der Philosoph Richard David Precht betitelt eines seiner Bücher: „Wer bin ich und wenn ja, wie viele? "Und genau dies beschreibt die Verfassung von Menschen, welche in ihrer Kindheit sexuellen Missbrauch erlitten haben. In allen Facetten des alltäglichen Lebens können sie normale Menschen sein, nur nicht im Ausleben ihrer Gefühlswelt und insbesondere ihrer Sexualität. Selbst wenn sie im Idealfall einen liebevollen Ehemann/Lebenspartner finden und sie sich aus Scham und anderen Gründen nicht anvertrauen, weiß der anfangs gar nicht, wie ihm geschieht. Denn die immer wiederkehrende Wut und der Hass auf Männer und die damit verbundenen Aggressionen, den der sexuelle Missbrauch und die damit verbundene

Hilflosigkeit in der Kindheit bei den Betroffenen hervorrufen kann, muss der Ehemann oder Lebenspartner erdulden. In vermeintlichen Stresssituationen des Alltags wird mit überzogener Aggressivität reagiert. So kann es zum Beispiel vorkommen, dass vor einem gemeinsamen Konzertbesuch es zu einem Eklat kommt, an dessen Auslöser sich die beiden Beteiligten Tage später nicht mehr erinnern können. Die durch die Traumatisierungen hervorgerufenen latenten Aggressions- und Hassgefühle suchen sich unkontrollierbar ihren Weg zum Ausleben ihrer Gefühlswelt.

Die Frauen befinden sich in einer Endlosschleife innerhalb ihrer Sexualität. Körperliche Nähe zum anderen Geschlecht und der Orgasmus im Vereinigungsakt wird von der Frau als Negativgefühl empfunden. Die körperliche Annäherung des Partners wird als Bedrohung und unangenehm wahrgenommen. Es sind die Schuld- und Schamgefühle, die man ihnen seitens der Eltern suggeriert hat, welche das Leben der sexuell missbrauchten Frauen ein Leben lang begleiten und aus denen man ohne professionelle Hilfe nur schwer allein herausfindet. Es erfordert mehr als den Mut der Frauen, nach Jahrzehnten den geliebten „Papi" als Peiniger zu benennen, um den Missbrauch aufzuarbeiten. Der Vater wird sich stets selbst in die Opferrolle begeben und alle anderen der Verursachung des Geschehenen beschuldigen. So kann es Jahrzehnte dauern, bis sich die Betroffenen als gereifte Menschen des eigentlichen Geschehens gewahr nehmen oder auch nie. Wie jetzt nach dreißig, vierzig Jahren und mehr mit „Papi" umgehen, der heute Opa ist und den die Enkelkinder so lieben!

Sich später dem geliebten Lebenspartner anzuvertrauen, die eigene Scham zu überwinden und das Erlittene in Worte fassen zu können, fällt den Betroffenen schwer. Jede unbedachte und dumme Äußerung des ins Vertrauen gezogenen Partners − „das liegt doch Jahrzehnte zurück!" − wird als erneute Verletzung empfunden. Umgekehrt sollten wir uns aber auch in die Situation des Partners einer sexuell missbrauchten Person versetzen. Vorausgesetzt ihm ist der Missbrauch bekannt, muss jede spontane Annäherung an seine

Partnerin überdacht sein. Ich frage mich, kann man so etwas dauerhaft aushalten?

Wenn Kirche als Institution um Vergebung und Buße sich bemüht, dann wäre Aufklärung und dadurch geleistete Hilfe für alle Menschen innerhalb unserer Gesellschaft angebracht. Aufklärung, wie man sich für die Wahrnehmung der Hilferufe der Betroffenen, insbesondere der Kinder, sensibilisiert. Nicht nur der Blick zurück, was in Bezug der Aufarbeitung des sexuellen Missbrauchs innerhalb der Kirche notwendig und geboten ist, sondern auch nach vorn, um durch Aufklärung zum Anwalt und Streiter für die Betroffenen zu werden. Der sexuelle Missbrauch von Kindern und Jugendlichen ist leider in unserer Gesellschaft in einer Dimension verbreitet, wie man es sich gar nicht vorstellen kann.

25 Mein Weg im Karate

Um meinen persönlichen spirituellen Weg zu verstehen ist es hilfreich, meine Art des Karate-Dô zu praktizieren zu beschreiben.

Mit 16 Jahren habe ich dann mit dem Karate begonnen. So wie es in unserem Verein gelehrt wurde, war Karate eine Schule zur Vervollkommnung des Charakters und kein Sport. Über die körperliche Anstrengung und die Überwindung der Angst beim Kämpfen, die Angst an sich zu verlieren. Im Beschäftigen mit der Technik es zur Meisterschaft bringen; im Erkennen der kleinen beschränkten Technik das Große erahnen und intuitiv zu verstehen. Ich habe dann mehre Jahrzehnte Karate exzessiv praktiziert und betreibe es noch heute regelmäßig. Mehrmals war ich in Japan und habe einige der besten Karatekas der Welt persönlich kennengelernt. Eigentlich die ideale Voraussetzung um Buddhist zu werden. Bin es aber nicht geworden. Wenn man körperlich austrainiert ist, gibt es im Training die Momente, da hat man das Gefühl zu schweben. Man tut es aber definitiv nicht. Jede Bewegung ist mühelos und geschieht von selbst. Zen in der Bewegung. Auch beim Kämpfen gibt es diese Momente. Ein Freund von mir wurde Europameister und kann sich an das eigentlich Geschehene nicht mehr erinnern. Als austrainierter Karateka gibt es immer wieder diese Seins Erfahrungen. Noch einmal: Durch das

„Leermachen" mittels außerordentlicher körperlicher Anstrengung kommt es zu spirituellen Erfahrungen, zum Erkennen, welche jedoch nicht in Worte gefasst werden können.

25.1 Karate-Dô und spirituelle Erfahrung

Die spirituelle Erfahrung im Karate erfolgt über das körperliche Training. Das innerliche Leermachen mittels höchster körperlicher Anstrengung. Ich will ehrlich sein, das erreicht man nicht in jedem Training, aber es gibt immer wieder diese Augenblicke, in denen man verspürt: Ja, das ist es! Mit steigender körperlicher Fertigkeit, heute würde man Fitness oder Kondition sagen, wird dieses Leermachen immer leichter. Man empfindet das Training nicht mehr als anstrengend. In den Zustand der Leere gelangt man immer leichter. Mein Gefühl für den Hara beim Aus- und Einatmen wird immer intensiver. je mehr ich verstehe und verspüre, desto weniger möchte ich darüber reden. Das Schweigen wird mir wichtiger.

Verschiedene Quellen berichten, dass der buddhistische Mönch Daruma Boddhidarma im Kloster Shao Lin in China lebte und seine Schüler in körperkräftigenden Übungen der Kampfkunst unterwies, welche ihnen Ausdauer und Stärke verleihen sollten. Aus dieser Körperschule entwickelte sich eine Kampfkunst, welche als Shao Lin Kampfkunst bekannt wurde. Wie sich die Dinge genau zugetragen haben, ist aufgrund der vielen Legenden um das Shao Lin Kloster und der Entstehung der Kampfkunst überhaupt, nach wissenschaftlichem Standard nicht mehr verifizierbar. Dieser buddhistische Mönch brachte im 6. Jahrhundert die Lehren des Zen (japanisch)/ Chan (chinesisch) und des Kempo nach China, lehrte mehrere Jahrzehnte im Shao Lin Kloster und hatte so vermutlich Anteil an der Verbreitung und der Entwicklung des Kempo in den Klöstern. Meine These aus der persönlichen 50jährigen Karate-Praxis ist die, dass die Mönche, nachdem sie sich im Training körperlich völlig verausgabt hatten, leichter in den Zustand der Kontemplation kamen. Und auch vor und nach der Karate-Praxis, versenken wir uns kurz in der Zazen.

Wer schon einmal ernsthaft versucht hat zu meditieren weiß, wie schwer es ist, den Geist abzuschalten und innerlich ruhig zu werden. Gedanken schießen durch den Kopf, welche mit der Augenblicklichen Situation des Meditierens nicht den geringsten Zusammenhang haben.

Im Gegensatz zu den orthodoxen Buddhisten, welche durch Selbstvervollkommnung und Zügelung der Leidenschaften den Kreislauf irdischen Lebens und Leidens durch Eingehen in das Nirwana anstreben, ist das Ziel der Zen Buddhisten, durch Meditation oder auch durch Einwirkung eines äußeren Reizes, plötzlich eine intuitive Erleuchtung, das Satori, zu erreichen. Diese Erfahrung heißt nicht, dass das reale Leben anschließend aufgegeben wird, sondern dass man plötzlich nur eine andere Sichtweise auf die Realität erlangt hat.

Nach einigen Jahren ist das völlig verausgabende körperliche Training nicht mehr erforderlich, sondern es reicht, sich vor dem Training in der Versenkung des Zazen, der Bauchatmung, einzustimmen. Aber auch das Beschäftigen mit der Karate-Technik an sich, wie funktioniert die Technik und letztendlich deren Perfektionierung in der Ausführung, sind ein weiterer Baustein des Erkennens. Bei der Perfektionierung der Technik muss jeder von sich aus gehen. Wir Menschen sind nun mal auch körperlich verschieden und dem entsprechend muss jeder seine eigenen körperlichen Möglichkeiten bei seinen Karatetechniken berücksichtigen.

25.2 Das Wesen des Senseis (des Lehrers) in der fernöstlichen Kultur
Über dem Vermitteln von Wissen vergessen wir jenes Lehren, das für die menschliche Entwicklung am wichtigsten ist: jenes Lehren, das nur durch die einfache Gegenwart eines reifen und liebenden Menschen gegeben werden kann. In manchen Epochen unserer eigenen Kultur oder in China und Japan galt der Mensch am meisten, der hervorragende seelische und moralische Qualitäten hatte. Der Sensei (Lehrer) war nicht nur oder nicht in erster Linie eine bloße Informationsquelle, sondern seine Aufgabe bestand darin, bestimmte menschliche Haltungen zu übermitteln. In der westlichen Hemisphäre

verkörpern Ordensfrauen und Ordensmänner diese Wesenshaltung des Senseis, da sie durch ihre Erfahrung in der Kontemplation ihre Spiritualität bei der Vermittlung von menschlichen Haltungen weitergeben können.

26 Reife Persönlichkeit

In vergangener Zeit hatten jede Epoche ihre eigenen Vorstellungen des menschlichen Zusammenlebens innerhalb ihrer Gesellschaft, wie der Mensch sein soll. In philosophischen, theologischen und auch in utopisch politischen Abhandlungen wurde den Menschen dargestellt, wie ein guter Mensch und eine gute Gesellschaft aussehen sollten. Aus diesen, auch teilweise visionären Darstellungen, schöpften die Menschen Zuversicht und vor allem: sie wussten immer, wo es lang geht. Die derzeitigen Aussagen über das gesellschaftliche Zusammenleben sind eher diffus, mach spricht von „Wertegesellschaft" und die Diskussion um den Klimawandel erinnern eher an Weltuntergangsszenarien als an eine positive Vision in die Zukunft. Diesen Mangel an Glauben an eine bessere Welt, an einen besseren Menschen hatte zur Folge, dass die Menschen den Glauben an sich selbst und ihre Zukunft verloren haben. Mögen die Menschen auch in ihrem privaten und unmittelbaren Umfeld in gewisser Harmonie und Einklang leben, der Blick in die Zukunft ist mehrheitlich mit negativen Attributen besetzt.

Bei der Bürgerschaft ist eine wachsende Diskrepanz zwischen Anspruch und Wirklichkeit zu verzeichnen. Jede Minerheit und jeder Verschwörungstheoretiker möchte sein Anliegen berücksichtigt und verwirklicht haben, sonst droht der Widerstand. Unsere Gesellschaft ist dadurch gekennzeichnet, dass die Übertragung der eigenen Probleme auf andere mit der Forderung, andere sollten sie lösen, erfolgen. Durch teilweise Kenntnisse der Psychoanalyse ist allgemein bekannt, dass das Individuum eigentlich nichts für sein Missverhalten kann, sondern Kindheit und Umfeld dafür ursächlich sind. Das hat zur Tendenz geführt, dass das leidende Individuum der Gesellschaft die Schuld gibt; und diese sollte es deshalb auch richten. Und da

Gesellschaft immer die anderen sind, fühlt sich der einzelne nicht persönlich verantwortlich.

So werden all unsere persönlichen und sozialen Probleme der Politik aufgeladen mit dem Hinweis, man müsste nur mehr Geld in die Hand nehmen und all unsere sozialen Probleme würden gelöst. Wenn immer mehr Menschen auf ihre persönliche Verantwortung verzichten, sich innerhalb ihrer Gemeinde zu engagieren, sie sauber und ordentlich zu halten, dann wird es für die Politik sehr schwierig, auch nur für die elementarsten Dienstleistungen zu sorgen.

Der Politiker selbst, in der kurzen Dauer der Legislaturperioden, wird vom politischen Gestalter zum gut funktionierenden Rädchen im Getriebe des Apparats. Mit Blick auf das große Ganze, werden weitreichende politische Erfordernisse nicht umgesetzt. In Wirklichkeit hat man nur den Überblick verloren und das Handeln ist von der Tagespolitik bestimmt. Wenn wir jedoch angemessene Antworten auf unsere gravierendsten Zukunftsprobleme finden wollen, so müssen wir konkrete Vorstellungen entwickeln, wie wir in 10 oder 25 Jahren leben wollen Und zur Antwort gehört auch die Fragestellung: Wie wollen wir auf keinem Fall leben? Denn die konkrete politische Gestaltung der Gegenwart ist der Weg, wie die Zukunft sein soll.

Gesellschaften, welche durch Unvermögen bei für sie existentiell wichtigen Entscheidungen nicht die richtigen Schlussfolgerungen aus der jeweiligen Situation ziehen, sind aus zeitlicher Perspektive zum Scheitern verurteilt. Eine reife Gesellschaft muss wissen, wie sie derzeit ist, wie sie funktioniert und wohin sie sich entwickeln soll. So wichtig es für eine Gesellschaft auch ist, Traditionen und kulturelle Eigenarten zu pflegen, so gehört hierzu das Wissen, dass Kultur auf längere Sicht auch immer einem Wandlungsprozess unterworfen ist, welcher letztendlich der Erneuerung und somit dem Überleben einer Sozietät dient. Schon der griechische Philosoph Heraklit sagte: „Alles ist im Fluss!"

Mit der Verbreitung von Mobiltelefonen wurde die größte freiwillige Selbstverblödung auf unserem Planeten in Gang gesetzt. Wünsche, Träume, Erleben und Erlebnisformen werden vom Mobiltelefon suggeriert und die letzten Menschen werden vermutlich noch tosenden Beifall spenden, wenn sie feierlich in den Orkus der Geschichte geschreddert werden.

Natürlich kann ein Mobiltelefon auch sinnvoll genutzt werden. Die jeweilige Handhabung durch den einzelnen ist ein synonym für dessen Geisteshaltung. Die permanente Beschäftigung mit dem Mobiltelefon nimmt ihnen die Zeit für eigene Aktivitäten und auch die nötige Konzentration hierzu. Die Eigene Aktivitäten werden durch Konsumieren ersetzt und der Konsument selbst immer mehr zum Nichtskönner.

Die Schere in der vielfältigen Gesellschaft geht nicht nur innerhalb des Einkommens auseinander, sondern auch zwischen selbstverantwortlichen selbstbestimmten klugen Menschen und einem Heer von Dummen.

Wer sich selbst als Individuum besser verstehen will, muss sich die Frage nach seiner eigenen Charakterstruktur stellen. Und genau diese Frage, nach dem Charakter einer normalen, reifen und gesunden Persönlichkeit, ist im öffentlichen Diskurs seit Jahrzehnten nicht mehr vorhanden. Welche Eigenschaften hat denn diese reife, in sich selbst ruhende und selbst bestimmende Person mit lebensbejahender schöpferischer Lebensführung?

Denn nur so kommen wir zum Phänomen der Liebe. Die Liebe ist die einzige Beziehungsform, in der man sich zugleich frei und auch verbunden fühlen kann. Die Fähigkeit zu lieben ist ein Zeugnis menschlicher Reife. Freude und Glück sind die Begleiterscheinungen der produktiven Liebe.

27 Was würde ich im Gespräch mit einem Brautpaar ihnen mitteilen
Nicht wenige Ehen scheitern daran, dass beide Ehepartner von Anfang an eine falsche Vorstellung von Ehe und partnerschaftlichen Beziehung haben. Die Ansprüche an den Partner sind überhöht und im
Laufe des Zusammenlebens erfolgt die Entidealisierung des jeweiligen anderen, die Erkenntnis, einen ganz normalen Menschen mit seinen Schwächen und Stärken geheiratet zu haben.

Zur Liebe zwischen zwei Menschen gehört der Wunsch zusammen
zu sein, sich über das Erzählen vom eigenen Leben, von den eigenen
inneren Gedanken, Wünschen und Ängsten, nahe zu kommen. Liebe
ist der surreale Wunsch im Augenblick des Zusammensein, die Getrenntheit vom Partner zu überwinden und mit ihm zu verschmelzen.
Die Liebe kann auch in ihrem sexuellen Verlangen ihren Ausdruck finden. Wer der Überzeugung ist, dass Liebe ausschließlich mit sexuellen Verlangen einhergeht, der kann zu der Einsicht gelangen, dass
man sich liebt, wenn man den anderen körperlich begehrt, was jedoch eher mit Besitzen zu bezeichnen ist. Man kann niemanden besitzen. Liebe hat nicht ansatzweise etwas mit besitzen zu tun, sondern es geht um Loslassen und nicht den anderen Partner in seiner
Entfaltungsmöglichkeit einzuengen. Wer liebt, befindet sich im Zustand des Seins und nicht des Habens.

27.1 Christliche Haltung als Familie
Im Christentum geht es um die Selbstverantwortlichkeit des Menschen. Eine christliche Lebenshaltung als Familie spiegelt sich nicht
im Besuch des gemeinsamen sonntäglichen Gottesdienstes, sondern
in der gelebten Haltung im Alltag von Mann und Frau: Ich brauche
dich, weil ich dich liebe. Diese Haltung überträgt sich auf die Kinder
und bildet die Gesamtatmosphäre des familiären Zusammenlebens.
Das vermeintliche alltägliche Chaos innerhalb der Familie und der
morgendliche Kampf, wer zuerst ins Bad darf, ist das Salz in der
Suppe.

Jede Beziehung kommt nach ein paar Jahren in die Krise. Genau genommen ist das ein natürlicher Vorgang. Sobald der Augenblick der romantischen Verliebtheit vorübergegangen ist, dann beginnt schleichend der Alltag der Beziehung. Im Idealfall beginnt jetzt die reife Liebe zu wachsen.

In der Liebe kann man sich zugleich frei und auch verbunden fühlen. Die Fähigkeit zu lieben ist ein Zeugnis menschlicher Reife. Freude und Glück, oder besser ausgedrückt Zufriedenheit und Ausgeglichenheit sind die Begleiterscheinungen der produktiven Liebe. So unromantisch das jetzt klingt: Zum Eingehen einer Beziehung gehört auch das Wissen darum

27.2 Einsichten über die Liebe von Mann und Frau

Nennen wir es die romantische Liebe. Dann weiß jeder sofort, was gemeint ist. Letztendlich ist es die Liebe zwischen Mann und Frau. Grundvoraussetzung ist die Liebesfähigkeit. Wer sich selbst nicht liebt und annehmen kann, ist nur schwerlich in der Lage, den anderen zu lieben. Oftmals glauben nicht gerade wenige Menschen ihren Partner zu lieben und haben sich ihr eigenes Konstrukt zurechtgezimmert. Wer damit zu Recht kommt, auch gut. Mehrheitlich entwickeln sich die Beziehungen zu Zweckgemeinschaften und die Frage nach der Liebe an sich, spielt im Alltag keine Rolle mehr. Die Frage in der Alltagsbeziehung wäre eher der liebevolle Umgang miteinander als das Gefühl der Verliebtheit. Ein Rezept für die Liebe gibt es nicht. Wer jedoch zur Erkenntnis gekommen ist, dass es von Vorteil ist, auch bei dem Phänomen der Liebe über Wissen und Bemühen zu verfügen, der ist schon einen Schritt weiter als die Mehrheit der Beziehungspaare.

In der erotischen Liebe ist es gerade das explosive Erleben des Verliebens, die Zeitspanne des verliebt sein mit Herzklopfen (und getrübter Wahrnehmung) und ausschließlicher Bemühung um die geliebte Person, welche mit der allgemeingültigen Liebe zum Partner in der Alltagswelt verwechselt wird. Zwei bisher sich völlig fremde

Menschen haben plötzlich das Erlebnis von Intimität. Ein Großartiger Augenblick. Aber mit dem Kennenlernen verschwindet das Fremde, da die geliebte Person zu einer intimen Person geworden ist.

Auch wenn es bei der erotischen Liebe, dem körperlichen Aspekt, um das Verlangen nach vollständiger Vereinigung, letztendlich um Verschmelzung mit dem anderen geht, so geht es auch um den nicht zu realisierenden Wunsch, mit der anderen Person eins zu sein. Im Kennenlernen der anderen Persönlichkeit und des Zusammenlebens verliebt man sich in der Idealform in die Persönlichkeit des anderen. Oder umgekehrt, man erkennt im Extremfall die eklatanten Defizite der ehemals so geliebten Person und die Liebe erlischt.

Liebe und Zusammenleben heißt auch Alltag und Langeweile, Anspruch und Kompromiss, Probleme und Besorgtheit. Da bleibt nicht immer viel Zeit und Muße für die Liebe. Hier kann Sexualität als reine Entspannungsform praktiziert werden. Zwischen einem sich verstehendem und liebenden Paar nimmt die Sexualität, sowohl in der erotischen als auch in der liebenden Form, eine Normalität an, so dass sie nicht zum Mittelpunkt der Paarbeziehung wird. Erst beim Wegfall der Zweisamkeit, auch nur für ein kurzes Zeitfenster, wird dieser Verlust spürbar.

Ist die Intimität jedoch ausschließlich durch die geschlechtliche Vereinigung verwirklicht, wird die andere Person nur oberflächlich und nicht in ihrer Tiefe erfasst. Beide Partner bleiben sich fremd und verharren in ihrer Getrenntheit.

Immer wenn wir Menschen uns in den Zustand des Seins begeben, zum Beispiel ein Bild malen des Bildes wegen, Produktiv und Kreativ sind, verspüren wir die Überwindung der Getrenntheit und gelangen in einen Zustand der Zeitlosigkeit und des inneren Friedens. Ebenso in der Nächstenliebe zu unseren Mitmenschen aber auch in der in der Liebe bei der Vereinigung von Mann und Frau. Für einen kurzen Augenblick überwinden Mann und Frau in der Verschmelzung ihre Getrenntheit.

Die Grundvoraussetzung zur Liebefähigkeit ist die Eigenliebe zu sich selbst. Liebe deinen Nächsten wie dich selbst. Nur wer in der Lage ist sich selbst zu lieben, mit seinem Sosein im Einklang sich befindet und sich so annehmen kann, wie er ist, der ist in der Lage zu lieben. Sich selbst zu lieben heißt, eine bejahende Einstellung zu sich und zum Leben zu verinnerlichen; Entfaltung von kreativen und schöpferischen Kräften und das Bemühen, im Verlauf des Lebens der zu werden, welcher man eigentlich ist.

Wenn wir uns fragen, was uns an der Entfaltung einer liebesfähigen Persönlichkeit hindert, so sind es die negativen bis traumatischen Erlebnisse der Kindheit, überdurchschnittliche Belastungen im Alltagsleben und letztendlich der nicht vorhandene Wille zur Persönlichkeitsentwicklung. Die einzelnen Gründe hierfür sind so vielfältig, dass eine umfassende Darstellung nur sehr schwer möglich ist. Umso erstaunlicher ist es immer wieder, dass trotz widrigster Lebensumstände und Schicksalsschläge nicht wenige Menschen zu liebenden und charakterstarken Persönlichkeiten heranreifen.

Wer an seiner Persönlichkeitsentwicklung interessiert ist und seine eigene Persönlichkeit hinterfragt, der muss sich kritisch hinterfragen, wie seine Kindheit verlaufen ist. Wurde ich von meinen Eltern geliebt, wurden Gefühle ausgelebt und welche sonstigen Defizite gab es in der Herkunftsfamilie. Es müssen nicht immer die traumatischen Defizite wie häusliche Gewalt, Inzest oder Alkoholsucht der Eltern sein, welche sich negativ auf die die Persönlichkeitsentwicklung auswirken. Es gibt einfach auch Familien, in denen die Kinder zu wenig bis keine Zuneigung und körperliche Nähe erfahren. Familiäre Verhaltensmuster werden über Generationen hin weiter gegeben, wenn sie nicht bewusst durchbrochen werden.

27.3 Und warum Religion innerhalb der Ehe oder Lebensgemeinschaft

Welchen Vorteil hat denn letztendlich der Theismus, der Glaube an einen persönlichen, als Schöpfer von außen auf die Welt im Schöpfungsakt einwirkender Gott? Es ist die Geborgenheit und das innere Aufgehobensein, dass alles seinen Sinn hat, auch wenn meine persönliche Erkenntnisfähigkeit beschränkt ist – oder noch einfacher: auch wenn ich den Sinn nicht verstehe. Mein Bestreben im Leben, eine reife Persönlichkeit zu sein und zu werden ergibt Sinn, unabhängig vom gelebten Lebensschicksal. Die innere Erfahrung, in der Geisteshaltung des Seins behaftet, sich selbst zu erleben und nicht in der Haltung des Habens und des etwas Besitzens. In der Geisteshaltung des Seins heißt es somit: Ich brauche dich, weil ich dich liebe! Dies ist die selbstlose, nicht einengende Haltung, die Förderung der Entfaltung des geliebten Menschen zu seinem Selbst durch die Liebe zu ihm mitzutragen.

In der Haltung des Habens lautet die Definition der Liebe: „Ich liebe dich, weil ich dich brauche! Das ist die besitzergreifende Geisteshaltung, bei der man die geliebte Person nur vermeintlich liebt. Man will die geliebte Person besitzen und die Kontrolle über sie ausüben, um sie nicht zu verlieren. Wobei man aber gerade bei dieser Geisteshaltung den geliebten Menschen verliert. Was ist jedoch ein Seinstypus bzw. ein Habentypus und worin unterscheiden sich diese beiden Wesenstypen des Menschen. Nur sehr selten gibt es reine Seins- oder Habentypen. Wichtig für uns alle ist die Bewusstmachung der Unterschiede der beiden Wesenstypen, um entsprechend unser eigenes Handeln zu reflektieren.

Habentypus hat nichts mit dem Besitz von Eigentum (Haus, Auto, Kleidung) in funktionalem Gebrauch zu tun, sondern es ist die damit verbundene Geisteshaltung, des Besitz wegen des Besitzes wegen, das Festhalten der Dinge für die Ewigkeit, die Angst materielle Güter zu verlieren und die Macht in Amt und persönlicher Position auszuüben, um der Macht willen und nicht der Sache wegen. Wenn wir unsere soziale Stellung, Macht, Ansehen, Einfluss, Beziehungen und Fähigkeiten nur um deren Selbstzweck wegen ausüben, dann handeln wir in der Haltung des Habens. Aber diese Haltung entseelt und macht den Menschen nicht glücklich. „Verschenke alle Kleider und folge mir!" Im Original heißt es im Matthäus-Evangelium: „geh, verkauf deinen Besitz und gib das Geld den Armen; so wirst du einen bleibenden Schatz im Himmel haben; dann komm und folge mir nach." „Verschenke alle deine Kleider und folge mir" heißt nicht, wir sollen alle unsere Habseligkeiten verschenken, sondern wir sollen unser Herz nicht an materielle Güter und Macht hängen und uns am Wesenszug der Nächstenliebe orientieren.

Der Christ hat sich durch seine bedingungslose Liebe für das Sein entschieden, er ist ein Seinstypus und nicht ein Habentypus, so dass seine Bereitschaft an Häufigkeit und Intensität zu geben, zu teilen und auch zu opfern stärker ausgeprägt ist, welches zu den Ur-Kräften der Spezies Mensch gehörte, um gerade in den Anfängen der Menschheitsgeschichte zu überleben. Und wir sollten uns wieder begreiflich machen, dass diese Geisteshaltung auch heute für unser Überleben auf dieser Welt notwendig ist. Diese Haltung im Sein beflügelt den Menschen und bewirkt, dass er sich zu einem selbstverantwortlichen und reifen Menschen entwickelt. Für den Christen spiegelt sich diese Haltung in seinem Vertrauen auf Gott, dem Wissen seiner menschlichen Unzulänglichkeit, in einer von Demut getragenen liebenden Lebensweise, welche sich immer um Wahrheit bemüht. Demut als Haltung heißt hier vor allem, dass wir trotz aller Fortschritte in Wissenschaft und Technik anerkennen, dass wir Menschen niemals hierdurch allein Erlösung finden werden, sondern auf die Gnade Gottes angewiesen sind.

Wer als Paar, und mit Kindern als Familie, dies verstanden hat und sich bemüht diese Geisteshaltung wach zu halten, wird mit hoher Wahrscheinlichkeit ein glückliches und ausgefülltes Leben führen. Der Glaube und die Beschäftigung mit dem Inhalt des Glaubens wird diese Paare tragen, ihnen Hoffnung und Freude schenken und sie werden im Grundsatz immer wissen, wo es in ihrem Leben lang geht.

Für ein gelungenes Leben sollte man sich nicht selbst erhöhen, sondern mit Demut und Dankbarkeit für dieses Geschenk auf Gott blicken.

Die Liebe zwischen Mann und Frau hat in ihrer höchsten Form mit sexuellem Verlangen nichts zu tun

Ich brauche dich, weil ich dich liebe! Dies ist die selbstlose, nicht einengende Haltung, die Förderung der Entfaltung des geliebten Menschen zu seinem Selbst durch die Liebe zu ihm mitzutragen.

In der Haltung des Habens lautet die Definition der Liebe: „Ich liebe dich, weil ich dich brauche! Das ist die besitzergreifende Geisteshaltung, bei der man die geliebte Person nur vermeintlich liebt und letztendlich besitzen will.

28 Es geht auch so: Oder Gott ist doch der Mann mit dem weißen Bart!

Vor ein paar Jahren hatte ich die Gelegenheit die Großmutter eines Bekannten kennen zu lernen. Immer wenn wir die ältere Dame besuchten, bemerkte ich, dass sie eine charismatische Freundlichkeit und stets gute Laune hatte. Einmal beim Verlassen der Wohnung fragte ich meinen Bekannten: „Sag mal, freut sich deine Oma nur über deinen Besuch oder ist die immer so drauf!" Mein Bekannter antwortete: „Die ist fest in ihrem Glauben verwurzelt. Für die ist der liebe Gott der Mann mit dem langen weißen Bart. Aber die weiß immer, wo es im Leben lang geht!" Ich wusste aus Erzählungen meines Bekannten, dass seine Großmutter ein schweres Leben hatte. Ihr Vater, welcher im 1. Weltkrieg als Soldat gefallen ist, hatte sie nie kennen gelernt. Kindheit in der Weltwirtschaftskrise der 20er Jahre und Verlust des einzigen Sohnes bei einem tragischen Unfall. Aber sie hat ihr Kreuz getragen. Vor allem ist mir heute klar, dass sie ihren christlichen Glauben in spiritueller Weise erfahren hatte. Deshalb die charismatische Ausstrahlung. Letztendlich macht es keinen Unterschied, ob ich mir über Schöpfung, Existenz Gottes und die Sinnfrage überhaupt ein kompliziertes Gedankenkonstrukt zusammenstelle. Gemessen an unserem Schöpfer ist der intellektuelle Unterschied zwischen der älteren Dame und mir nicht messbar. Sollte ich damals über die Aussage „Für die ist Gott der Mann mit dem langen weißen Bart" mit überheblichen Gedanken reagiert haben, dann wäre ich der Dummkopf gewesen und nicht die ältere Dame. Denn in letzter Konsequenz ist der christliche Glaube nur mit dem Herzen erfahrbar.

29 Theologische Erstarrung der Institution Kirche

Und doch ist eine neue verständliche theologische Grundausrichtung des christlichen Glaubens notwendig. Am Anfang des Buches hatte ich unter der Überschrift – Gedanken zum christlichen Glauben – geschrieben: Jede Epoche hat für die Menschen in der jeweiligen Zeit eine für sie verständliche und nachvollziehbare Darlegung des Glaubensinhalts.

Das Mittelalter und die Inquisition führte dazu, dass die Kirche als Institution in eine theologische Erstarrung verfiel, aus der sie sich bis heute nicht gelöst hat, geschweige denn, dieser Sachverhalt der Erstarrung an verantwortlicher Stelle erkannt worden ist oder man erst gar nicht wahrhaben haben will. Sich aus diesem geistigen Dilemma zu befreien, gehört auch die kontroverse inhaltliche Auslegung der Theologie dazu. Die katholische Kirche als Institution ist hierzu derzeit nicht in der Lage.

Es ist nicht so, dass die Menschen in vergangener Zeit theologisch über ein fundamentaleres Wissen als die Heutigen verfügten - nein, eher war die plastische Vorstellung einer infantilen Geisteshaltung geschuldet, bei der Gottvater der Mann mit dem langen weißen Bart war. Wenn man davon ausgeht, dass Gott in letzter Konsequenz von dem menschlichen Geist begrifflich nicht erfasst werden kann und es vor allem auf das innere gefühlsmäßige Verstehen und Erfahren (spirituelle Erfahrung) ankommt, welches nicht in Worte gefasst werden kann, dann kann man die Kirchenväter der Vergangenheit verstehen, welche es für ausreichend hielten, dass das gemeine Kirchenvolk primär einfach nur glaubt. Gerade vor dem Hintergrund der sozialen und alltäglichen existentiellen Nöten vergangener Jahrhunderte ist dieser Volksglaube gut zu verstehen. Meine Ur-Großeltern hatten insgesamt 9 Kinder, von denen ihnen im Zeitraum von 1885 bis 1887 vier Kinder bei Diphtherie Epidemien verstarben; am 20. März 1885 zwei Kinder in einer Nacht (Josefine Wilhelmine, 5 Jahre alt, und August Josef Heinrich, 3 Jahre alt). Meine Ur-Großmutter Margaretha Gilles wurde mir von meinen Tanten als schweigsame alte Frau geschildert, welche Trost in ihrem Glauben suchte. Sie besuchte jeden Morgen um 7:00 Uhr die Frühmesse und betete zu Hause auch täglich den Rosenkranz. Das waren halt andere Zeiten.

Zurück zur Theologie: In diesem Zusammenhang möchte ich aus einem Leserbrief der Kirchenzeitung für das Bistum Limburg – Der Sonntag – zitieren (Nummer 4/29. Januar 2023). Der Leser hatte sich über die Berichterstattung der Zeitung anlässlich des Todes von Papst Benedikt XVI. geäußert. In dem hier vorliegenden Zusammenhang ist das geschriebene einzuordnen: Zitat: „Gottessucher voller Widersprüche. Dieser Text, eingefügt in ein dunkel gehaltenes Portrait des Papstes, macht nachdenklich: Papst Benedikt XVI. /Joseph Ratzinger lebte als scheuer Mensch (so habe ich ihn persönlich erlebt) einen frommen Kinderglauben, den er hochintellektuell und sprachlich brillant verwissenschaftlichte. Die triumphalistische Kirche, die es seit Jahrhunderten fast unverändert gab, ist mit Benedikt zu Grabe getragen worden. Das ist gut so, denn eine neue, dem Menschen zugewandte Kirche für die Welt von heute ist im Werden." Zitat Ende. Die Kirche muss sich von dem Kinderglauben des Mittelalters verabschieden und den Habitus des Imperium Romanum ablegen. Das ist nicht mehr authentisch.

Das Problem der Kirche ist nicht der sexuelle Missbrauchsskandal, die Leitungsstruktur der Institution Katholische Kirche durch den Klerus oder die Zulassung von Frauen zum Priesteramt. Keine Frage, alles sehr wichtige Themen. Und vielleicht scheitert die Kirche als Institution in Deutschland schon an diesen Themen – leider. So, wie der Glaubensinhalt den Menschen dargeboten wird, interessiert das niemand mehr in Deutschland. Kirche gibt der Mehrheitsgesellschaft keinen Orientierungsrahmen mehr. Schon jetzt sind mehrere Generationen religionslos aufgewachsen. Die können sich inhaltlich über

Religion garnix mehr vorstellen. Was Menschen bei Umfragen in der Öffentlichkeit bezüglich ihrer Kenntnis über die christliche Religion wiedergeben kann nicht anders als rudimentärer Kinderglaube bezeichnet werden.

Die ethische Grundausrichtung der Christen, den Nächsten wie sich selbst zu lieben, spiegelt die alltägliche Lebenserfahrung wider, dass derjenige, der nur sich selbst liebt, genauso wenig zur Menschenliebe fähig ist, wie der, der sich selbst nicht akzeptieren und lieben mag. Um sich selbst zu sein, also ganz Mensch zu werden, ist es erforderlich ehrlich zu sich selbst zu sein. In Abständen sich selbst zu reflektieren und so sich seiner selbst bewusst zu machen, wie man als Persönlichkeit ist. Dies ist die Voraussetzung eines selbstbestimmten Lebens. Selbstbestimmtes Leben hat zur Folge, eine innere Ausgeglichenheit zu verspüren, in sich selbst zu ruhen, welches unser Umfeld als Haltung wahrnimmt. Wer dauerhaft nicht sich selbst ist, verspürt eine innere Unruhe, ist unter Umständen permanent auf der Suche nach etwas, was er selbst nicht genau definieren kann und ist besonders anfällig für den Tanz um das Goldene Kalb.

Die spirituelle Grundausrichtung der Gotteserfahrung ist verloren gegangen. Das hieraus resultierende Aufgehobensein der Menschen trotz ihrer Unzulänglichkeit angenommen zu sein und im festen Vertrauen, dass hinter allem ein Sinn steht, ist der Mehrheit der Europäer nicht mehr bekannt.

Auf dem afrikanischen Kontinent erlebt das Christentum einen massiven Zulauf. Dieser ist vor allem dadurch begünstigt, dass man als Mitglied zur Institution Kirche leichteren Zugang zu Bildung, medizinischer Versorgung und beruflicher Ausbildung erhält. Es ist daher in Afrika erstrebenswert, bekennender und praktizierender Christ zu sein. Die mit der christlichen Missionierung einhergehende Bildung, die ersten Missionare brachten den Menschen in Afrika auch Lesen und Schreiben bei, hatte zur Folge, dass die Mehrheit der geistigen Elite in Afrika Christen sind. Dies bedeutet für die Kirchen als Institution eine Verschiebung der Machtinteressen von Europa und den beiden amerikanischen Kontinenten nach Afrika als Kernkontinent des christlichen Glaubens.

In Europa wird der christliche Glaube trotz der massiven Kirchenaustritte in einem schleichendem Prozess eine Angelegenheit einer elitären Minderheit werden. Aus dieser Minderheit ist über Generationen ein Neubeginn möglich, da der christliche Glaube inhaltlich sehr hoch entwickelt ist und dadurch seine Anziehung nicht verlieren wird. In welcher Form dieser Neubeginn stattfindet, kann niemand voraussagen. Die Klöster mit ihrem Angebot einer Auszeit für Laien könnten hierbei eine bedeutende Rolle spielen, da hier sowohl Glaube als auch Spiritualität gewahrt bleiben.

30 Epilog

Wenn wir erkennen, dass wir unseren pathologischen Umgang mit den Medien, Mobiltelefonen und Computern umwandeln müssen, also aus der Passivität des Habens in die Aktivitäten des Seins, dann werden wir erkennen, dass die Lösung unserer Probleme nicht in der Masse der Konsumgüter liegt, sondern weniger mehr ist. Anstelle Internet ein Gespräch, kreative oder körperliche Aktivität und sich selbst bewusst machen, was man da gerade tut.

Im Christentum bedeutet Demut nicht Demütigung, sondern die Geisteshaltung, bei aller Liebe zu sich selbst und seinen Mitmenschen, sich selbst als Person nicht so wichtig zu nehmen und sich die Fähigkeit des Staunens und der Ehrfurcht zu bewahren.

Der spirituelle Sinn des Lebens ist diese innere Sinnfindung und das Erkennen der Gemeinschaft in einem persönlichen Bezug mit unserem Schöpfergott, der uns mit unserem Ich, also unsere Seele, angenommen hat. Durch diese innere Geborgenheit und Aufgehobensein in Gott wird der menschliche Geist befreit, was wiederum zu seinem völligen geistigen Erwachen führt. Menschen ohne diese Reflektion befinden sich geistig in einem halbwachen Zustand, welches ihnen jedoch ermöglicht, innerhalb ihres alltäglichen Lebens zu funktionieren und somit letztendlich auch zu überleben. Sie bleiben sich selbst ein Leben lang fremd und werden nie wissen, wer sie eigentlich sind. Insbesondere der materielle Wohlstand und der Glaube an die Technologie führt bei dieser Lebensweise zur Illusion, alles steuern und beherrschen zu können. Die uns Menschen anhängliche Unzulänglichkeit wird ausgeblendet und eigenes Verantworten auf Politiker, das System (Staat) oder die anderen Mitmenschen projiziert. Wer von der Gottesliebe beseelt ist, dessen alltägliches Leben manifestiert sich sowohl in seinem Handeln als auch in seiner Person im Sein und nicht in der Form des Habens. Wem es gelungen ist, diese christliche Grunderfahrung zu verinnerlichen, dieses unmissverständliche Erkennen der Gottesliebe, der verspürt seine innere Freiheit, welche getragen ist von Liebe, Gerechtigkeit und Wahrhaftigkeit. Unser Herz wird von diesem Glauben beflügelt. Im Gottesdienst spricht der Priester zur Gemeinde: Erhebet die Herzen! Und die Gemeinde antwortet: Wir haben sie beim Herrn! Und wenn uns auch in Abständen der Zweifel aufsucht und die Sorgen der Alltagswelt wie Wellen des Ozeans über unseren Köpfen zusammenschlagen wollen und uns zu verschlingen drohen, so haben wir als Christen immer die Gewissheit des Glaubens und der Hoffnung, denn wir sind immer in Gottes Hand.

Jochen Harms

Assmannshausen am Rhein im Mai 2024